Pascal Rndel-Cellier

Déviation

Pascal Rndel-Cellier

Déviation

Éditions Muse

Imprint
Any brand names and product names mentioned in this book are subject to trademark, brand or patent protection and are trademarks or registered trademarks of their respective holders. The use of brand names, product names, common names, trade names, product descriptions etc. even without a particular marking in this work is in no way to be construed to mean that such names may be regarded as unrestricted in respect of trademark and brand protection legislation and could thus be used by anyone.

Cover image: www.ingimage.com

Publisher:
Éditions Muse
is a trademark of
Dodo Books Indian Ocean Ltd., member of the OmniScriptum S.R.L Publishing group
str. A.Russo 15, of. 61, Chisinau-2068, Republic of Moldova Europe
Printed at: see last page
ISBN: 978-620-3-86474-8

Chapitre 1

-Entrez, le maître vous attend.
Le vieux serviteur s'effaça pour laisser entrer le couple qui patientait sur le perron. Lui, la quarantaine bien tassée était vêtu d'un costume trois pièces un peu guindé quoique d'une excellente coupe. Avec son visage plutôt rond, la lèvre un peu molle et ses yeux éteints, il avait tout du bureaucrate discipliné, le parfait commis de l'état. Avec un peu plus de dynamisme, il aurait pu être beau gosse. Il avait dû l'être d'ailleurs, avant. Il se tenait raide comme un piquet et essayait de ne pas trahir sa nervosité en regardant où il posait les pieds. Elle, au contraire, semblait étrangère à ce qu'elle vivait et esquissait un léger sourire. Son tailleur beige très cintré trahissait son origine de bourgeoise provinciale. Sa silhouette grande et élancée, sa démarche fluide ainsi que son regard droit montraient qu'elle se savait sûre de sa beauté.
Ils étaient arrivés en fin d'après-midi après un long voyage. D'abord le TGV, puis la limousine qui les attendait à la gare. Il leur sembla que le chauffeur ne prenait pas la route la plus directe. Ils ne s'en formalisèrent pas, le paysage était plutôt agréable. A leur arrivée, les bagages avaient été pris en charge, tandis que le chauffeur leur montrait de loin les différents bâtiments : la roseraie, les écuries, enfin le manoir qui malgré sa façade de pierres jaunes paraissaient refermer d'obscurs secrets. La femme écoutait d'une oreille distraite, son mari faisait semblant de s'intéresser. Le vieux les avait immédiatement conduit dans leurs appartements. Un bien grand mot. Une vaste chambre aux murs simplement chaulés : Une grande table, deux fauteuils, le lit, une salle de bain attenante. Sobre, un peu monacale mais agréable. Elle constata que sa valise avait été ouverte. Elle fit un inventaire rapide.
-Çà commence bien, murmura-t-elle.
On vint leur annoncer que le maître les attendait dans le grand salon.
Quand ils découvrirent la pièce, ils marquèrent un temps d'arrêt. Le séjour était immense et comme le jour tombait, la lumière provenant des fenêtres était insuffisante pour en éclairer la totalité. Ils parvinrent à discerner cependant des tentures un peu défraîchies qui tentaient de réchauffer l'atmosphère. Seul un petit îlot éclairé par des bougies émergeait de cet antre un peu lugubre. C'est de là qu'ils aperçurent l'homme venir à leur rencontre et s'incliner devant eux. Il n'était pas très grand, ni petit d'ailleurs et il était difficile de lui donner un âge. La cinquantaine, peut-être. Sa tenue était celle d'un gentleman-farmer, un peu désuète mais soignée. Un charme un peu anglais émanait de son visage.
-Je suis, Armand, le maître des lieux. Je vous prie d'excuser cet accueil, mais nous avons une panne de courant due aux violents orages de cet après-midi. Venez vous installer, je vous prie.
Il les précéda et leur indiqua deux fauteuils en cuir noir dans lesquels ils prirent place. Lui même s'installa en face d'eux dans un immense canapé. Aussitôt une servante entra et déposa un plateau sur la table basse. Elle fit le service du thé sans rien demander à personne, comme s'il allait de soi que chacun désire cette collation.
-Je vous laisse vous servir en sucre, dit le maître, et parlons de nos affaires. Avez-vous pris possession de vos appartements, chère Madame. En êtes-vous satisfaite ? »
-Parfaitement, répondit-elle d'une voix claire, cependant il y a certaines choses qui me troublent.
-Et lesquelles ?
-Mes bagages ont étés ouverts et certaines affaires ont disparues. C'est fort déplaisant.
-Pourriez-vous me dire quoi exactement ?
-Tous mes sous-vêtements et mes pantalons, répondit-elle d'un ton pincé.

-C'est normal, ne vous formalisez pas pour cela, ils vous seront restitués. Ils vous ont été enlevés car ils sont d'aucune utilité durant votre séjour au manoir. Je suppose que vous avez lu le règlement de la maison.
-Absolument.
-Alors pourquoi croisez-vous les jambes ?
Elle avait effectivement reçu les règles de la maison quelques semaines auparavant. Certains points l'avaient étonnée, intriguée même. Pourtant, elle avait signé sans y accorder plus d'importance. C'était la condition pour être admis au manoir, alors...
La femme rougit jusqu'aux oreilles et se raidit. Elle regarda son compagnon pour y chercher une aide mais celui-ci fuit son regard en se concentrant sur sa tasse de thé. Elle posa ses yeux sur son interlocuteur qui lui, la fixait avec une lueur ironique. Lentement, elle décroisa les jambes, sans baisser les yeux pour autant.
« Elle est vraiment très belle pensa le maître. Une ligne superbe et un port de tête remarquable, les traits fins et harmonieux couronnés par une chevelure blonde qui tombent sur de fines épaules. »
-Pardonnez-moi, dit-il en chassant ses pensées, mais ce sont des petits détails auxquels je tiens.
-Puis-je savoir ce que vous attendez de moi ?
-Bien sûr. Vous avez sollicité un séjour au manoir. Votre recommandation a été fort utile car sinon vous n'auriez pas été acceptée. Voyez-vous, nous n'ouvrons notre porte qu'à des gens triés sur le volet. Tout ce qui vous sera demandé ici sera votre disponibilité, totale. Mais puis-je à mon tour connaître vos motivations ?
-Mon mari et moi pensons que nous avons besoin de redonner un coup de neuf à notre couple. Mon mari a une relation en automne dernier avec une soubrette…
-Chérie, ces détails…
-Laisse-moi parler, chéri, je préfère jouer cartes sur table !
L'homme baissa les yeux et regarda ostensiblement ses chaussures.
-Donc, reprit-elle, nous avons fait le point après, disons, cet écart de conduite. Il nous a semblé que nous devions réagir, le personnel n'étant pas fait pour pallier nos carences. C'est lors d'une soirée à l'ambassade de Grande-Bretagne qu'un de nos amis nous a parlé de votre petite société, en langage très voilé, il faut bien le concéder. Sa femme et lui-même avait fait un petit séjour chez vous et en semblaient très satisfaits. Nous en avons discuté mon mari et moi et avons invité nos amis à nous fournir plus de détails. Nous en avons été pour nos frais, sachez que vos secrets sont bien gardés, Monsieur.
-Vous m'en voyez ravi, mais il n'y a pas de secret. Nous recommandons seulement à nos membres un peu de discrétion.
-Tout ce qu'ils nous ont révélé, c'est qu'ils se sentaient comme neufs dans leur couple. Ils nous ont également proposé de nous recommander, puisque cela semble nécessaire.
-Effectivement, c'est indispensable.
-Nous avons mis quelques jours avant de nous décider, puis finalement nous avons fait la demande qu'ils vous ont transmise.
-Si j'en crois votre courrier, vous serez la seule Madame à séjourner ici, votre mari étant retenu ailleurs.
-En effet, dit précipitamment l'homme, je suis appelé à l'étranger pour quelques semaines. D'habitude ma femme m'accompagne, mais elle a voulu profiter de ce déplacement pour suivre, comment dire, votre stage.
Le maître éclata de rire

-Stage n'est pas tout à fait le mot approprié. Disons que vous entrez dans une auberge espagnole. Vous n'y trouverez que ce que vous pouvez apporter. Bien sûr, vous serez guidée. Parfois vous serez surprise, heurtée peut-être, mais c'est la règle du jeu. Et vous en sortirez quand vous le voudrez. Cela arrive parfois qu'un résident abrège son séjour, rarement en fait.
Il se tut, laissant planer un silence plein de mystères.
-Désirez-vous toujours rester parmi nous, Madame ?
-Je m'y suis engagée.
-Alors je vous demanderai de me confier votre cellulaire.
Pour la deuxième fois elle se raidit et fronça les sourcils.
-Je suis votre prisonnière ?
A nouveau le maître éclata de rire.
-Absolument pas, mais ici les portables sont interdits. Ces petits appareils sont de vrais petits mouchards et nous tenons à notre tranquillité. D'ailleurs moi-même, je n'en possède pas. Vous pouvez vous servir du téléphone fixe de la réception à votre guise, c'est le seul de la maison.
-Pour les conversations privées, ce n'est pas très pratique.
-Madame, sachez qu'à partir de maintenant et tant que vous serez dans ces lieux, vous n'avez plus de vie privée.
Il prononça ses mots sans élever le ton, mais où transparaissait une autorité presque menaçante. Il ne lâcha pas la femme du regard et elle se sentit transpercée. Un frisson lui parcourut le dos et elle pinça les lèvres. Elle bougea enfin et saisissant son sac à main elle en retira son téléphone. Elle le lui tendit avec un air de défi.
-Le voilà.
-C'est bien. Ce soir, je vous laisse vous installer. Vous prendrez votre repas dans vos appartements. Je ne sais pas si Monsieur reste pour la nuit ?
-Non, je dois partir ce soir, c'est préférable.
L'homme avait perdu de sa superbe et semblait soulagé de quitter les lieux rapidement.
-Comme, il vous plaira. Madame, vous ferez connaissance avec le personnel et les autres invités demain matin. Sara, la maîtresse de maison, va vous raccompagner. Ah oui, j'oubliais, pour nous tous maintenant vous vous appelez Miel.
-Miel, c'est charmant.
-Cela vous va bien. Bonsoir.
Ils se levèrent pour prendre congé. Une femme entra. C'était Sara. Le type eurasien, elle était toute en finesse et son charme exotique était saisissant. Son visage semblait avoir été ciselé dans la plus pure des porcelaines. Mais surtout ce qui captivait, c'était son regard perçant qui brillait d'une rare intelligence à travers deux billes de jade. Sans un mot, elle salua le couple et les précéda vers la sortie.

Chapitre 2

La porte s'ouvrit brutalement et une énorme silhouette se dessina dans la pénombre. Elle se dirigea vers la fenêtre et écarta violemment les rideaux. La lumière inonda la chambre et révéla le monstre qui avait fait intrusion dans toute sa splendeur. Qu'en dire, si ce n'est que la femme, si c'en était une, était énorme. Miel, (puisque c'est ainsi qu'elle s'appellerait désormais) la regarda, un peu effarée.
-Je m'appelle Eloïse. Ne riez pas, on ne choisit pas son prénom. Je suis chargé de votre service. Si vous avez besoin de quoi que ce soit, vous sonnez. Si je ne suis pas prise ailleurs, je viens. En attendant, voilà votre petit déjeuner, après je vous préparerai.
Miel s'étira. La nuit avait été courte et pleine de méchants cauchemars dont elle avait la trace mais plus le souvenir exact. Elle avait envie de rire en voyant la bougonneuse Eloïse s'agiter à ranger ses affaires. En fait la journée commençait bien. Et puis elle se souvint :
-Me préparer ? Me préparer à quoi ?
-Mangez, on verra tout ça après. Prenez votre temps, on a toute la matinée. Je vous laisse, c'est que je n'ai pas que ça à faire moi.
Et elle sortit dans un tourbillon de jupons, sans oublier de claquer la porte. Un service plein de délicatesse décidément…
Miel s'étira une nouvelle fois. La bonne et tendre Eloïse avait raison : Ne pas se poser de questions et manger. Elle se leva et se dirigea vers la fenêtre. Un immense parc s'offrait à ses yeux encore ensommeillés, une invite à une promenade matinale. Elle s'assit à sa table et découvrit un vrai petit déjeuner à l'anglaise. Au moins les gens savent vivre ici. Elle attaqua ses œufs au bacon avec avidité. Les vacances commençaient bien. Une fois restaurée, elle parcourut son nouveau domaine du regard. Là, sur le fauteuil, Eloïse avait déposé une robe bleue ciel et quelques lanières de cuir. Etrange, je dois mettre ça ? Elle n'eut pas à attendre longtemps la réponse, la trombe réapparut dans la chambre.
-Vous allez mieux ? Allez, je vous prépare. D'abord cette robe, Madame Sara l'a choisi pour vous. Si elle ne vous convient pas, vous vous arrangerez avec elle. Ensuite vos bracelets.
-Mes quoi ?
-Aux poignets et aux chevilles. Le collier pour le cou, bien sûr.
-C'est l'uniforme réglementaire ?
-Uniforme ? Il n'y a pas d'uniforme. Ensuite je m'occupe de votre chatte.
Miel crut suffoquer
-Ma chatte ? Vous voulez dire…
-Oui, je veux dire, montrez-moi ça !
-Mais il en est hors de question, vous me prenez pour qui ?
La grosse Eloïse la regarda d'un air étonné.
-Je dois vous préparer, c'est tout.
-Vous ne me toucherez pas, c'est clair !
-Je ne vous force pas, mais ce qui est clair, c'est que cela ne va pas plaire à Madame Sara.
-Je me moque de cette dame, sortez !

La grosse haussa des épaules et sortit avec le même fracas que la première fois. Miel essaya de faire le point. D'abord, Miel, qu'est-ce que cela signifiait. Pourquoi pas Marmelade tant qu'on y était. Elle s'approcha du fauteuil. Elle se débarrassa de sa nuisette et essaya sa nouvelle robe. Plutôt sympa, Sara avait du goût. Le bleu va bien aux blondes. Mais ces bracelets ? Pourquoi pas après tout. Elle ne savait pas pourquoi mais ces accessoires exerçaient sur elle une formidable attraction. Elle s'en défendit en se disant que ce serait amusant de les porter. Ils étaient fins et confortables et s'ajustaient parfaitement à ses articulations. Seul le collier la dérangeait un peu plus, mais bon, c'était un ensemble, alors… Chacun des ces accessoires étaient muni d'un anneau. En plein sado-maso, bonjour l'ambiance. Elle se regarda dans le miroir en pied. Pas mal, ma petite Marmelade. Et il va falloir se balader dans cet accoutrement ? Pourquoi pas après tout, descendons.
Franchie le seuil de sa chambre, elle découvrit un immense couloir. Flûte, hier elle était guidée et n'avait pris aucun point de repère. Marmelade, te voilà partie à l'aventure ! Demande ton chemin aux fantômes de rencontre. En fait à force de tourner, de descendre des escaliers étroits, de franchir des voutes, elle se retrouva dans les cuisines. Il y régnait une intense activité et les arômes subtils vinrent flatter ses narines. Son arrivée ne provoqua aucun trouble.
-Bonjour, je m'appelle Marmel… Heu, pardon, Miel !
-Bonjour Madame, vous avez besoin de quelque chose ?
Une grosse matrone à l'air avenant s'était retournée.
-Non, en fait, je visite et je cherche le parc.
Je vois, vous êtes nouvelle. Hé bien visitez. Gilbert va vous conduire jusqu'au parc, c'est la bonne heure, à la fraîche. Gilbert, bouge-toi et conduit Madame Miel.
Le nommé Gilbert, accoudé à la grande table de cuisine prit un morceau de lard dans son assiette, l'avala et en grognant souleva son immense carcasse. Impressionnant le bonhomme, mais une bonne douche ne lui ferait pas de mal. Il passa devant Miel sans la saluer et elle dut courir derrière lui pour le suivre. Enfin à force de couloirs et de portes, ils débouchèrent à la lumière du jour. Le parc s'ouvrait devant elle.
-Vous faites quoi, Gilbert, ici ?
-Responsable des écuries. Si vous voulez faire une balade à cheval, prévenez-moi.
Là-dessus il tourna les talons et s'enfonça dans la bâtisse. Son lard l'attendait en refroidissant.
-Merci, murmura Miel.
Elle entra dans le sous-bois et se remplit des odeurs des résineux. Elle sentit sa peau se laisser caresser des fragrances sylvestres. Les aiguilles crissaient sous ses pas et il en émanait une odeur acide légèrement enivrante. Un bain de jouvence, souvenir d'enfance… Elle s'appuya contre un vieux douglas et se laissa glisser sur le sol moelleux. Elle sentit la sève de l'arbre couler en elle, elle revivait. Machinalement, elle caressa sa joue de son bracelet de cuir et sentit une vague étrange de sensualité monter en elle. « Oh ! Marmelade, on se calme ». C'est à ce moment-là qu'un de ses bracelets se mit à bipper. C'est quoi ça encore ? Plus rien. Alors profiter de l'instant qui passe. Elle resta ainsi longtemps, mais pas tant que ça, le temps de retourner au paradis de son enfance où rien n'est corrompu, où la réalité est simple. Elle se releva, vivifiée. Elle se dirigea vers ce manoir qu'elle trouva si sombre d'un coup. « Ma

prison dorée, que suis-je venu faire ici ? » Elle se rapprochait lentement quand elle remarqua le vieux serviteur qui les avait accueillis hier se précipiter à sa rencontre. Il arriva vers elle hors d'haleine mais put articuler :
-Madame, mon maître vous attend, faites diligence.
-Je veux bien faire diligence mon ami, mais de grâce reprenez votre souffle, il n'y a pas d'urgence que je sache.
-Mais il vous a bipé !
-Ah, c'était donc ça, et bien allons-y, mais calmement, et respirez, vous me faites peur. Où est-il votre maître ?
-Dans le boudoir de Madame.
-Cà promet, et bien allons-y, voyons.
Et le manoir, et encore des couloirs et enfin une porte. Le vieux machin ouvrit sans même frapper et s'effaça pour la laisser entrer. Là, l'atmosphère était plutôt apaisante. Parfums subtils de l'orient, lumière douce, calme et sérénité. Elle s'avança prudemment, elle entrait dans un sanctuaire.
-Bonjour Miel.
La voix la surprit pourtant elle était douce et bienveillante. C'était Sara.
-Le maître veut vous recevoir, mais vous êtes chez moi, sachez-le.
Elle la prit par la main et la conduisit sur un sofa. Elle alla se réfugier un peu plus loin, dans une lumière plus tamisée. Pourtant son regard ne quittait pas Miel comme pour la réconforter.
Armand était devant elle, il fumait un cigare.
-Bonjour Miel, avez-vous passé une bonne nuit ?
-Oui parfaitement, heu, Monsieur.
-J'en suis ravi. Je constate que Sara vous a trouvé une tenue qui vous sied à merveille. Vos entraves ne vous blessent pas j'espère.
-Entraves ? Ah ça, non, c'est amusant, tout au plus.
-Il n'y a rien d'amusant à cela, mais vous le découvrirez bien assez tôt. Levez-vous je vous prie et approchez.
Miel jeta un œil sur Sara qui l'encouragea à obtempérer. Alors elle se leva et s'approcha d'Armand. Elle se dressait au dessus de lui et lui tirait sur son cigare nonchalamment. Il prenait son temps à la parcourir du regard et cela devenait vraiment gênant.
-Troussez votre robe.
Avait-elle bien entendu ? Le ton de sa voix avait été si anodin, elle avait dû mal entendre.
-Pardon ?
-Vous avez très bien compris et je déteste me répéter. Troussez votre robe.
-Mais je n'ai rien dessous.
Un froissement de robe, Sara s'approchait et lui posait une main sur l'épaule. Miel ne comprenait plus, elle ferma les yeux. Elle sentit des doigts légers glisser le long de ses cuisses et relever le pan de sa robe.
Elle réagit violemment et s'empara du poignet de Sara.
-Mais ça va pas, non ! Pour qui vous prenez-vous ?

Elle tremblait de tous ses membres sur la défensive. La maître la regardait, impassible, ses petits yeux perçants exprimaient une vague désapprobation. Tout s'était immobilisé, le temps suspendu. Miel se souvint : disponibilité. C'était donc ça qu'on lui demandait. De s'exhiber, puéril. Pourquoi pas après tout. Elle hésita encore. Elle libéra le poignet qu'elle tenait. Sara acheva son geste.
Elle était exposée dans toute son intimité et complètement tétanisée. Elle sentit d'autres doigts se poser sur elle, elle se raidit encore.
-Eloïse n'a pas fait son travail. Miel, vous faites ce que vous voulez, votre séjour est payé et bien payé, sachez-le. Vous voulez passer des vacances au manoir libre à vous. Continuez ainsi, cela ne me perturbe pas et vous repartirez telle que vous êtes entrée ici. Maintenant je ne crois pas que vous soyez venue pour cela. Libre à vous de décider.
Tout en parlant, le maître glissait ses doigts entre ses lèvres. Il ne faisait que l'effleurer en fait. La main s'attardait un peu trop à son goût. Miel sentit son bassin osciller malgré elle, et elle s'en voulut de se rendre aussi facilement. La main de Sara était toujours sur son épaule. Miel inclina la tête et la posa sur l'épaule de la maitresse. Ses jambes commençaient à trembler, elle allait gémir. Non !
La caresse cessa aussi brutalement qu'elle avait commencé. Le pan de sa robe retomba et Sara s'écarta d'elle.
-Rentrez chez vous, je veux vous revoir ce soir dans la grande salle. Vous pouvez sortir.
Miel se dirigea vers la sortie et ne sut jamais vraiment comment elle avait regagné ses appartements.

Chapitre 3

Miel avait couru jusqu'à sa chambre et s'était jetée sur le lit. Elle serrait les poings à se faire blanchir les articulations. Jamais elle n'avait subi une telle humiliation. Il avait même voulu la pénétrer ce salaud, elle pouvait le jurer ! Il l'aurait peut-être fait s'il n'y avait pas eu l'autre. Ils s'étaient bien rincés l'œil, ces deux fourbes. Et si seulement il s'en était contenté, lui. Elle sentit encore le contact de cette main sur ses lèvres. Une vibration la parcourut, un vague frémissement.
« Arrête ça Miel, retourne à ta juste colère. Pense à ta dignité. Disponibilité, rien que ça, et puis quoi encore ? Je ne suis pas un jouet. » Et le pire c'est qu'elle s'était laissée faire sans protester, comme une petite fille prise en faute, les doigts dans la confiture. Miel, marmelade, confiture. Décidemment...
Elle avait envie de pleurer mais les larmes ne venaient pas. Besoin de se révolter alors, mais contre qui ? Contre elle-même peut-être ou bien contre ce maître de pacotille qui croyait pouvoir lui dicter ses volontés et disposer d'elle à sa guise. Tout ça pour jouer à touche-pipi ? Et pourquoi ne l'avait-elle pas giflé, oui, tiens, pourquoi ? Quant à la môme Sara, elle ne perdait rien pour attendre celle-là, avec sa petite mine de Sainte Nitouche et ses airs condescendants. Pétasse, oui ! Elle resta de longues minutes à savourer sa rage, mais elle se rendait compte que cela ne la menait nulle part. Sans qu'elle l'ait vraiment décidé, elle appuya sur le bouton de la sonnette et attendit. Eloïse apparut une demi-heure après.
-Madame a sonné ?
-Il me semble, répondit sèchement Miel, et j'ai attendu.
-Que Madame me pardonne, mais j'avais une compote de poires à terminer.
-Compote, encore !
-Pardon ?
-Non, rien, excusez-moi.
-Et Madame désire...
-Vous m'avez parlé ce matin de me préparer, voudriez-vous me montrer en quoi cela consiste.
-Vous tailler la chatte, il faut vous faire un dessin ?
-Alors, j'aimerais le faire moi-même, apportez moi des ciseaux.
-Il en est hors de question. Il y a des soins que l'on ne peut faire soi-même. Vous vous coupez les cheveux toute seule peut-être ?
-Mais c'est très gênant !
-Ma petite Dame, des chattes j'en ai vu défiler pas mal, alors je vous en prie, pas de pudibonderie. Bon, je n'ai pas que ça à faire moi, c'est oui ou c'est non ?
-Oui, d'accord, mais...
Eloïse était déjà ressortie. De toute façon, Miel n'avait rien à ajouter. La servante revint avec tout un nécessaire qu'elle posa sur le lit.
-Allongez-vous et troussez votre robe.
Deux fois dans la journée, cela commençait à faire beaucoup. Miel s'exécuta pourtant, il le fallait bien. Et puis elle sentait poindre au fond d'elle un certain amusement et de la curiosité aussi.

-Sacré chantier ! Comment une belle femme comme vous ose-t-elle sortir ainsi ?
-Vous savez, dans la rue cela ne se remarque guère !
-Les pieds sales dans des chaussures non plus. Pourtant vous les lavez, non ?
Cette remarque pleine de bon sens cloua le bec de la belle alanguie. Eloïse continuait de maugréer.
-Regardez-moi ce buisson. Une vraie jachère. J'espère que personne ici, n'a vu ça, sinon je vais me faire taper sur les doigts. A-t-on idée aussi de se laisser aller de la sorte. D'abord, il va falloir dégrossir.
Elle se saisit de la touffe de poils et trancha net. Elle recommença ainsi plusieurs fois et Miel n'avait plus du tout envie de rire.
-N'ayez pas peur ma petite Dame, je vais vous tailler un beau gazon, j'ai l'habitude. Pliez les genoux et écartez un peu les cuisses. Ne bougez pas surtout, là, il faut tailler ras.
Les ciseaux frôlaient ses lèvres et à l'effroi se mêlait une vague excitation. Les mains expertes d'Eloïse s'affairaient, alternant ciseaux, peigne et rasoir. Elle était aussi concentrée qu'un horloger auscultant un mécanisme délicat.
-Tournez-vous, mettez-vous sur le ventre.
Miel obtempéra, ne sachant ce qui l'attendait. La grosse saisit ses deux fesses et les écarta sans ménagement.
-Hé, mais que faites-vous ?
-Laissez-vous aller, de toute façon, ici, il n'y a rien à faire. Un petit cul de pucelle, ce n'est pas toujours le cas. Retournez-vous encore, il faut peaufiner le travail.
Demi-tour donc. Miel commençait à trouver ce soin plutôt agréable et toute gêne devant le naturel de la servante avait disparu.
-Eloïse, dites-moi, vous vous faites la même chose ?
-Bien sûr, mais avec moins de soins. Il faut dire qu'à mon âge…
-Et il faut le refaire souvent ?
-Cela dépend, environ une fois par semaine. Le peigne, c'est tous les jours. Bien sûr cela dépend de la longueur qu'on laisse. Vous qui êtes blonde, le poil frise moins, alors on taille court. Pour les brunes je laisse des bouclettes, c'est plus joli et confortable aussi.
-Toute une science…
Ce n'était pas de l'ironie. Miel apprenait de belles choses sur les chattes, sujet qu'elle n'avait pas beaucoup creusé jusque là.
-Et les rousses ?
-C'est le plus difficile mais le plus intéressant aussi. Les rousses ont le poil fin et délicat. Il boucle facilement et retient des fragrances subtiles et fortes à la fois. Une chatte de rousse, c'est un poème, une promenade en forêt, une bergerie en plein air. Il faut du doigté pour s'en occuper. Mais quand c'est réussi, quel bonheur !
Miel était impressionnée par la délicatesse et la subtilité de celle qu'elle avait prise jusqu'alors pour une demeurée. Ne pas se fier à l'apparence. Miel ne voyait pas trop ce que faisait Eloïse et elle aurait bien aimé jeter un œil.
-Je peux regarder ?
-Bien sûr. Redressez-vous un peu, vous verrez mieux.

Miel s'adossa légèrement et contempla le spectacle. Le volume de sa touffe avait considérablement diminué et le buisson disgracieux s'était transformé en un charmant gazon dru et bien régulier. Elle devait convenir qu'elle était beaucoup plus sortable ainsi. Cette pensée la fit sourire.
« Décidément, je prend une drôle de tournure d'esprit, pensa-t-elle. L'atmosphère de la maison je suppose. »
Une petite claque sur le ventre et Eloïse se redressa.
-Voilà, c'est fini. Alors, c'est pas mieux comme ça ?
-C'est parfait, Eloïse, j'en conviens. Et je vous demande de m'excuser de vous avoir rabrouée ce matin. Vous êtes merveilleuse.
-Merci pour le compliment. C'est que j'aime le travail bien fait. Que ce soit ça ou la compote de poires.
Cette dernière remarque fit piquer un fou rire à Miel. Eloïse ne s'en offusqua pas et rit à son tour.
-Je vous laisse Madame, j'ai du travail.
-Une purée d'abricots, peut-être ?

Chapitre 4

En fin d'après-midi, alors qu'elle visitait la roseraie, son bracelet bipa. « Miel ma chérie, tu es de service ». Le jour tombait, on était entre chien et loup. Il était temps de rentrer de toutes manières. Elle pénétra dans le hall de la réception comme le règlement le prescrivait. Le vieux serviteur était là.
-Madame Miel, vous êtes attendue dans le grand salon, mais auparavant montez vous changer. Tenue de soirée obligatoire et...
-Je sais, c'est le règlement, le coupa-t-elle et elle se dirigea sans plus attendre vers sa chambre. Elle découvrit sur le fauteuil une robe du soir légère et d'un blanc immaculé.
« Choisie par Sara, je suppose. Elle pourrait se renseigner sur mes goûts celle-là, je n'aime pas le blanc, cela convient mal à mon teint. »
Elle la souleva devant elle. La coupe était belle, le tissu fluide.
« Un peu trop courte, elle m'arrive à mi-cuisse, faute de goût. Décolleté arrondi devant, échancré en V dans le dos. Pas si mal. »
Elle la passa tout de même et dut admettre qu'elle se trouvait plutôt à son avantage. Tenue de soirée, donc maquillage. Elle se prépara durant une demi-heure en essayant de ne rien laisser au hasard. C'était sa première soirée en société et il fallait qu'elle fasse bonne impression. En compagnie de qui d'ailleurs ? Elle espérait bien ne pas se retrouver en tête à tête avec le sieur Armand, augure d'une soirée plus que barbante. Qui vivra verra, ma petite Miel. Elle virevolta sur elle-même. Satisfaite de cet effet, elle prit la direction de son supplice.
Quand elle entra dans le grand salon, tous les regards convergèrent sur elle. Les discussions cessèrent immédiatement. Cette fois, il y avait du courant et malgré la lumière tamisée Miel découvrit la pièce dans son intégralité. Elle était en fait beaucoup plus grande qu'elle ne l'avait imaginé et pouvait recevoir une centaine de personnes sans problème. Les meubles étaient de très bonne facture, tous anciens et d'époques différentes allant du Louis XIV au Napoléon III. L'agencement en était très réussi. Au fond, trônait un immense billard où deux couples disputaient une partie. Enfin des femmes, et des hommes aussi. Autour de la table basse, sur le canapé trônait Maître Armand avec l'inévitable Sara. Trois hommes leur faisaient face, chacun avec leur compagne.
« Me voilà seule célibataire, ça promet… »
-Entrez Miel et venez vous joindre à nous !
C'est le cher Maître qui l'avait apostrophée ainsi d'une manière qu'elle trouva un peu cavalière. Il ne daigna même pas se lever pour la présenter.
-Je ne vous présente pas tout le monde, vous nous découvrirez au fur et à mesure de la soirée. Je trouve les présentations fastidieuses. Venez vous asseoir près de moi.
Il lui indiqua un petit tabouret placé à ses pieds.
« Je vais faire le toutou à son maîmaître, maintenant. Décidément rien ne me sera épargné. »
Le plus dignement possible elle s'approcha et s'assit à la place indiquée.
-Non, pas ainsi, Miel.
Le ton était impératif. Quelle bourde avait-elle faite encore ? Ah oui, le règlement, ne pas s'asseoir sur sa robe, n'importe quoi ! Le poids des regards fixés sur elle la fit rougir

jusqu'aux oreilles. Comment ne pas être ridicule maintenant qu'elle était installée presque au ras du sol. En face d'elle, une petite bonde assise sur l'accoudoir du fauteuil se mit à glousser.
-Allons Elodie, Miel vient juste d'arriver. Il est normal qu'elle ne maîtrise pas toutes les règles. Nous ne pouvons pas lui en tenir rigueur.
Miel profita de cette diversion pour dégager le pan arrière de sa robe. Ces fesses prirent contact avec le velours, sensation qu'elle trouva assez désagréable. La discussion reprit comme si rien ne s'était passé. Comme elle passait inaperçue, Miel en profita pour faire un rapide tour d'horizon. La fameuse Elodie, toujours à son poste, se laissait masser les fesses par son compagnon. Sa jupe troussée n'avait pas l'air de la troubler outre mesure. Il faut dire qu'elle avait une sacrée croupe la garce. Sur l'autre fauteuil un couple tout en suivant la conversation se caressait nonchalamment. La main de l'homme disparaissait dans le corsage de sa compagne alors qu'elle-même lui massait l'entre-jambe. Tableau charmant, un rien vulgaire. Le troisième savait mieux se tenir et sirotait leur apéritif. Les joueurs de billard avaient repris leur partie.
-Et vous qu'en pensez-vous Miel ?
Elle sursauta.
-Je vois que vous étiez perdue dans vos pensées, excusez-moi.
Le maître posa sa main sur sa nuque et entreprit de la caresser tout en reprenant son discours. Miel ne savait plus quoi penser. Cette main qui avait pris possession d'elle l'incommodait. Et cette petite garce d'Elodie qui ne cessait de la fixer, amusée par sa gêne. Elle feignit de ne pas y porter attention et tenta de retrouver son naturel. Difficile, pourtant, car la main fureteuse se promenait sur ses épaules et descendait dans son dos dévoilé. Mis à part Elodie qui semblait s'amuser follement, personne d'autre n'y prêtait attention, comme si tout cela était naturel. Miel commençait à trouver ces caresses plutôt agréables en fait, et cela l'inquiéta. Elle avait du mal à se concentrer sur la conversation, mais suivait en pensée le chemin que parcourait la main aventureuse. Le spectacle avait l'air d'inspirer Elodie qui occupée par derrière, se donnait un peu plus de plaisir en caressant l'intérieur de ses cuisses entrouvertes.
« Pourvu que cela ne finisse pas en partouze » pensa Miel.
-Au fait, Miel, êtes-vous plus présentable que ce matin ?
L'affront la fouetta en plein visage. Elle se mit à bafouiller :
-Vous voulez parlez de… Enfin, vous voulez dire…
Silence. Long silence, trop long. Armand le rompit pour ne pas augmenter sa gêne :
-Oui, c'est bien ce que je veux dire.
-Oui, cela a été fait, Monsieur.
-Montrez-nous, je vous prie.
Miel ouvrit de grands yeux effarés. Avait-elle bien compris ?
-Vous voulez dire, là, maintenant ?
-Oui, bien sûr, là, maintenant, répondit-il narquois.
Les mains de Miel se mirent à trembler. Que pouvait-elle faire ? S'enfuir, refuser, rire ? Elodie poussa un nouveau gloussement vite réprimé par le regard de son compagnon. Miel sentit ses doigts glisser le long de ses cuisses sans qu'elle les ait commandés vraiment. Elle

saisit le bas de sa robe et la fit lentement glisser sur ses cuisses. A ce moment, elle ne voyait plus personne, elle s'était enfermée dans un autre monde.
Non, elle ne pouvait pas le faire ainsi. Elle refusait de s'exposer aux yeux de tous. Elle rabattit sa robe et se leva. Trouver une solution et sauver la face. Elle allait sortir. Fuir, encore ! Cela ne finirait-il jamais ? Alors, elle se retourna, faisant face à Armand et Sara. Ainsi, elle tournait le dos aux autres. Armand sourit, il comprit la ruse.
-Alors ?
Miel souleva prestement sa robe, inutile de faire durer cette humiliation.
Cette fois, la vue était totalement dégagée et son intimité exposée à la concupiscence du couple maudit.
-Qu'en penses-tu Sara ?
-Du bon travail ! Je reconnais la patte d'Eloïse. C'est beaucoup mieux comme ça, n'est-ce pas Miel ?
Cette dernière s'entendant interpeler sortit de sa torpeur.
-Ou… Oui, certainement Madame.
Il ne fallait pas craquer. Elle n'allait pas faire plaisir à cette petite garce d'Elodie qui gloussait encore dans son dos. Ses nerfs devaient tenir. Armand leva la main et remonta le long de sa cuisse en la frôlant à peine. Ses doigts se posèrent sur sa chatte et il commença à la masser.
-Vraiment très bien, dit-il.
Sa main s'engagea plus loin encore et écarta les lèvres de la suppliciée. Il cherchait le petit bouton rose qui se refusait encore à lui. Non ! Il l'avait trouvé. Sans en avoir vraiment conscience Miel écarta les cuisses pour lui faciliter le passage. Mon Dieu, mais que faisait-elle ? Elle se donnait en public sans pouvoir opposer la moindre résistance. En fait, c'était un viol, minutieusement organisé, mais un viol dont elle ne pouvait refuser le plaisir. Elle en était complice. Une plainte s'échappa de ses lèvres. Elle sentit qu'elle sortait sa langue pour se pourlécher. Elle pensa qu'Armand allait s'introduire pour la fouiller.
Mais il dût se raviser et rabattit lui-même la robe.
Miel se ressaisit. Elle se retourna et se rassit à sa place, le regard droit. Elle fixa Elodie d'un air de défi. Cette dernière fit la moue. Elle avait raté le spectacle et la petite garce la défia à son tour. Elle écarta les cuisses et commença à se caresser. Elle porta deux doigts à sa bouche et redescendit sur son ventre. Sa main disparut sous sa courte jupe. Elle se masturbait vraiment alors que son compagnon la besognait par derrière. Celui-ci la bascula sur lui et lui écarta encore plus les cuisses. Elodie ahanait et se trémoussait. Son homme lui avait dégrafé son chemisier et découvert sa généreuse poitrine. L'homme qui avait semblé si sage auparavant s'était levé et s'était approché d'Elodie. Il avait ouvert son pantalon et présenté son membre dressé devant la bouche de la petite garce. Elle s'en était immédiatement emparé et se l'était empalé jusqu'au fond de la gorge. Elle le suçait goulûment et avec frénésie tandis que son bassin était agité de frénétiques soubresauts. Empalée par derrière par son compagnon, par devant par elle-même, dans la bouche par l'autre, elle jouissait de tout. Miel ne perdait rien de ce spectacle mais avait bien conscience qu'elle planait un peu. Elle se trouvait entraînée par un flot de sensations, prise dans un torrent où le courant l'emportait. Elle aurait aimé à cet instant être Elodie et pouvoir s'offrir aussi naturellement. Elle le ferait,

pour montrer au maître ce dont elle était capable. Elle reconnut amèrement qu'il lui serait impossible de s'exhiber ainsi.
C'est à ce moment qu'Elodie poussa un hurlement, de l'extase. Son feulement devint rauque et l'homme la nourrit de sa semence. Il se rajusta et revint auprès de sa compagne dont les yeux étincelaient du spectacle qu'il lui avait offert. Elle embrassa son compagnon d'un baiser ardent et profond. Elodie, les fesses à l'air, était lovée contre son homme. Celui-ci l'avait enfin lâché et lui flattait la croupe. Seule Sara restait imperturbable et insondable, un petit sourire au coin des lèvres. Miel avait posé son regard sur elle, et essayait de la déchiffrer. Ce fut en vain, cette femme restait impénétrable. Miel ne pensait même plus à ce qu'elle venait de vivre en simple voyeuse, pour la bonne raison que tout lui échappait. Elle avait joui du plaisir de la petite fouine, par procuration. Et c'est cette jouissance qui la dérangeait le plus. Comment l'accepter, comment la comprendre ? Plaisir inadmissible et pourtant là, présent encore, à fleur de peau. A cet instant, elle aurait voulu s'endormir pour oublier. Elle sentit une main sur son épaule. Elle ouvrit les yeux car elle les avait fermés sans même en prendre conscience. Armand avait disparu et cette main était celle de Sara qui la fixait avec beaucoup de tendresse. De la tendresse, justement ce dont elle avait besoin.
-Cessez de penser, Miel, vous vous faites du mal. Tenez, buvez, un petit remontant.
Elle lui tendit un verre. Miel y trempa les lèvres. La liqueur était peu sucrée, un peu amère mais revigorante. Elle l'avala d'un trait.
-Merci, Madame Sara.
-Laissez de côté le Madame et appelez-moi Sara.
-Alors, merci, Sara. Mais…
-Laissez les mais et vivez ce que vous ressentez vraiment.
Sur ces brèves paroles elle se leva et sortit de la pièce. Miel avait besoin de dormir, et pourtant elle savait que la soirée était loin d'être finie. Elodie, elle, semblait se poser moins de questions et somnolait sur les genoux de son homme.
En fait la soirée se poursuivit normalement. Elodie avait retrouvé sa superbe après une brève absence pour se refaire une beauté. Dans la salle à manger, le maître présidait, Miel à sa droite et Sara à l'autre bout de la table. La conversation avait été très animée, mais on n'avait parlé ni d'affaires ni d'actualités croustillantes. Uniquement d'art et de mouvements culturels. Elle découvrit que le maître avait une admiration sans bornes pour Bach : L'art de la fugue, les partitas, les suites pour violoncelle. Miel ne connaissait rien de tout ça. Pour elle, Bach, c'était juste bon pour la messe.
Après dîner, tous se retrouvèrent dans le grand salon. Miel redoutait le pire et en même temps le souhaitait, antagonisme des sentiments féminins. Elle se dirigea vers le billard pour suivre la partie. Les deux couples s'affrontaient toujours mais de manière tout à fait originale. Dès qu'une femme se penchait un peu pour réaliser son point, un de ses adversaires venait la trousser et la palpait aux sources du plaisir, juste histoire de la déconcentrer. Les femmes faisaient de même et les hommes avaient du mal à garder la tête froide quand une main fine se glissait sur leur pantalon au point sensible. Les autres en attendant ne perdaient pas leur temps à attendre que le point soit fait. La partie, dans ces conditions, devenait interminable mais fort joyeuse.

Miel commençait à s'imprégner de cette atmosphère et commençait à accepter ce qu'elle avait vécu. Amour, jeu, plaisir. Les mots dansaient dans sa tête et s'entrechoquaient. Arrêter de penser. Sara le lui avait suggéré. Facile à dire. En fait, elle aurait préféré qu'on la prenne là comme une vulgaire putain, au moins elle aurait partagé pleinement la fête. Elle chassa cette idée tant elle en avait honte. Elle retourna au salon où se retrouvaient les mêmes. Non, pas tout à fait. Il manquait le couple sage et un autre homme. Elle les chercha dans la pièce et ne tarda pas à les découvrir. Les trois s'étaient isolés pour une petite partie triangulaire. La femme, dépoitraillée était encadrée par ses deux mâles. Sa bouche passait d'un sexe à un autre, elle ne savait où donner de la tête. Miel s'en approcha et s'assit en face d'eux, à moins d'un mètre de distance. Elle savourait le spectacle sans émettre le moindre jugement. Plaisir, jouissance. Quoi de plus simple. La femme fut rapidement basculée les fesses en l'air. De ses mains libres elle ne lâchait pas le sexe qui l'embouchait. Elle s'y accrochait comme à une bouée. De l'autre côté, le deuxième la troussa et commença à la fesser vigoureusement. La femme gémit mais garda la bouche pleine. Elle cambra un peu sa croupe pour offrir un meilleur angle aux coups. Ses fesses commençaient à rougir et sa frénésie à sucer en était décuplée. Elle happait le membre jusqu'à l'engloutir entièrement. Et derrière, l'autre frappait toujours le cul offert. Il leva les yeux sur Miel et l'invita à les rejoindre. Allait-elle le faire ? Pourquoi pas après tout, elle n'était pas obligé de participer.
-C'est Miel qui va te fesser pendant que je t'enfile petite chienne !
La femme n'émit qu'un grognement, sa gorge étant bien occupée. Consentait-elle ou contestait-elle ? Miel ne se posa pas la question. Elle s'approcha et abattit sa main sur l'auguste fessier.
-Plus fort dit l'homme, tandis qu'il s'introduisait dans le ventre de la suceuse.
En fait, il la défonça et elle dut lâcher le membre un instant pour râler autant de douleur que de plaisir. L'autre la prit par les cheveux et s'enfourna à nouveau dans sa bouche. La main de Miel s'abattit encore une fois puis une autre et une autre encore. Que c'était bon de maltraiter ce petit postérieur. Elle vit l'homme qui lui travaillait le ventre écarter les fesses de la pauvresse et lui enfoncer trois doigts dans l'anus. Embouchée, enfilée par le ventre, enculée et fessée, la femelle râlait. Miel commençait à perdre pied et pourtant elle ne pouvait s'empêcher de claquer ce cul rougeoyant. Elle sentit deux bras l'enserrer. Elle se retourna juste le temps de reconnaître le maître. Ce dernier passa les mains dans son dos et écarta les bretelles de la robe. Les seins de Miel jaillirent et le maître les couvrit de ses mains. Elle ferma les yeux, elle n'avait plus la force de frapper.
« Prends-moi debout, salaud, là maintenant ! »
L'avait-elle crié ? Non, seulement pensé, Mais si fort…
Le maître eut alors un geste qu'elle ne comprit pas. Il remonta sa robe et la prit par la main. Il la tira jusqu'au canapé et la fit s'asseoir. Il se versa un whisky et la regarda.
-Ne perdez pas la tête, Miel.
-Je ne comprends pas. Ce n'est pas ce que vous attendiez de moi ?
-Je n'attends rien de vous, mettez-vous ça dans la tête. Mais vous étiez dans un tel état que vous vous seriez laissée prendre par n'importe qui. Cela, il n'en est pas question. Restez maîtresse du jeu, non le jouet.

-Même avec vous ?
Le maître sourit.
-Avec moi, c'est un peu différent. Je suis là pour vous montrer les portes. A vous de les ouvrir. Je suis aussi là au cas où vous vous perdriez. C'est ce que je viens de faire.
-C'était bon pourtant et si nouveau.
-Je n'en doute pas un seul instant, cela se voyait. L'amour paraît être un jeu facile, il n'en est rien.
Tout en disant cela, Miel et lui contemplaient la scène qui se déroulait toujours. Il était évident que la femme n'en pouvait plus, elle agonisait de plaisir. Heureusement l'homme derrière elle était à bout de forces. Il se dégagea d'un coup et la sodomisa juste avant de se libérer en elle. Le femme hurla et reçut en même temps la semence de celui qu'elle suçait en pleine figure. Elle le réemboucha immédiatement pour savourer le précieux nectar. L'homme avec sa queue se dégagea et étala son sperme sur sa face puis il se laissa avaler à nouveau. La femme enfin s'affala, lessivée mais comblée.
-D'après vous Miel, qui maîtrisait le jeu ici ?
-Celui qu'elle suçait, ou l'autre, je ne sais pas.
-Vous devriez envisager la troisième hypothèse, ne croyez-vous pas ? Qui a donné, qui a reçu ? Il ne faut jamais se poser cette question. Mais qui mène le jeu est la question. Et ce n'est pas forcément celui qu'on croit.
-Mais avec vous maître ?
-Moi, j'impose mes règles, ainsi il n'y a pas d'équivoque. Comprenez-vous ?
-Je commence à comprendre, mais je ne vois pas où cela me mène.
-A une forme de liberté et de responsabilité, l'un n'allant pas sans l'autre.
-Mais…
-Encore un mais. Taisez-vous et embrassez-moi, je vous désire et rien n'est plus important maintenant.
Miel noua ses bras autour de son cou et s'abandonna à ses lèvres. Il l'explora à travers sa robe et lui prit la main pour la poser sur son sexe. Il était gonflé bien sûr et implorait la caresse suprême. Elle voulut dégrafer son pantalon, il la retint.
-Non, ma toute belle, votre heure n'est pas venue.

Chapitre 5

C'est amèrement désabusée que Miel s'était retrouvée seule dans sa chambre. Qu'avait-elle espéré ? S'envoyer en l'air avec Armand, s'exposer aux yeux de tous les convives et se prouver quoi ? Oui, quoi au juste ? Elle était incapable de répondre à ces questions pourtant fort simples. En une journée elle avait vécu plus qu'en vingt ans. Et pourtant, chaque fois qu'elle retrouvait sa chambre elle avait l'impression de revenir à la case départ. A qui s'en ouvrir ? Elle se sentait si seule, personne à qui se confier, personne à qui livrer le grand vide qui était en elle et qui gonflait de jour en jour. Bientôt, il l'envahirait. Armand ? Il préférait se délecter du spectacle offert par Elodie, cette petite pute. Alors, saurait-il l'écouter et la comprendre ? Sara ? Elle, toujours aussi lointaine, inaccessible, intouchable. Certainement pas et pourtant… Elle se décida et descendit à la réception pour prendre rendez-vous avec Madame.

-Non, excusez-moi, avec Monsieur Armand, rectifia-t-elle.

Pourquoi ce revirement à la dernière seconde, même cela elle n'arrivait pas à se l'expliquer. Quelle confusion !

-Cet après midi à 14 heures, Madame, dans le petit salon.

Et déjà elle regrettait cette décision. Qu'avait-elle à dire après tout ? Peut-on parler d'un vide qui enfle ? « Ma petite Miel, tu vas encore te ridiculiser. »

Mais 14 heures arrivèrent et il fallut bien qu'elle assume son vide et surtout cette échéance. Ce fut Sara qui ouvrit. Miel ne sut si elle était exaspérée ou soulagée de sa présence. Sara la conduisit en la prenant par la main devant Armand. Il était assis dans un fauteuil et Sara vint s'asseoir sur l'accoudoir dans une posture très érotique qui découvrait très haut ses longues jambes fuselées. Un grand pouf trônait au centre de la pièce.

-Agenouillez-vous là, lui indiqua le maître.

Voilà qui allait être bien confortable pour exprimer ses états d'âme. Elle s'installa comme elle put.

-Vous pouvez vous asseoir sur vos talons, ce n'est pas un supplice.

Voilà qui allait beaucoup mieux. Miel prit garde à ne pas s'asseoir sur sa robe mais à bien l'étaler derrière elle. Ce geste était devenu tellement machinal que même seule dans sa chambre elle respectait cette consigne.

-Vous voilà encore perdue dans vos pensées, il me semble. Pourriez-vous me dire quel est le but de cet entretien ?

La voix du maître était douce et rempli de bienveillance. Cela mit Miel un peu en confiance.

-Et bien en fait, je ne sais pas.

« Et voilà, ça recommence, je demande une entrevue et je n'ai rien à dire. »

-Je crois comprendre, répondit Armand.

-Ah oui, vous êtes bien le seul !

La réponse fit sourire le maître.

-Vous vous demandez ce que vous faites là, dans ce salon, dans ce manoir, dans cette aventure, non ?

-C'est un peu ça. Je découvre des choses étranges ici. Elles m'attirent, j'ai envie de les vivre, je le fais, mais en fait je ne sais pas trop à quoi ça rime.
-La réponse est facile, ça ne rime à rien.
-Pardon ?
-Mais oui Miel. Vous participez à notre vie comme si vous tentiez une expérience. Je me trompe ?
-Non, c'est exact. Mais c'est bien ainsi qu'on apprend, en découvrant de nouvelles choses.
-Absolument pas. Vous allez au devant d'une grave déconvenue. Les expériences n'apportent strictement rien à votre vie sinon on tenterait n'importe quoi pour progresser.
-Mais qu'est-ce que je fais là alors ?
-C'est à vous de le savoir, je ne peux vous apporter aucune réponse.
-Me voilà bien avancée !
-Ecoutez-moi Miel. Depuis votre enfance on vous a inculqué des notions de vie. Jusqu'à présent vous les avez mises en pratique et ça n'a pas trop mal marché. Jusqu'au jour où il y eu un grain de sable. Lequel, je n'en sais rien et ça n'a pas d'importance. Et ne me parlez pas de l'aventure qu'a eue votre mari avec votre soubrette, vous savez aussi bien que moi que ce n'est qu'un prétexte. Donc ce grain de sable a bloqué tout un mécanisme qui semblait pourtant indestructible et bien rodé. Et ici vous vous êtes rendu compte qu'il n'en restait plus grand-chose, que les ruines d'une belle construction.
Miel était sidérée de s'apercevoir qu'Armand lisait en elle à livre ouvert. Tout ce qu'il venait de lui dire, c'est ce qu'elle n'arrivait pas à formuler, même à elle-même.
-Oui c'est exactement ça. Et que dois-je faire maintenant ?
-A votre avis ? Déblayer les ruines et reconstruire, mais un édifice qui vous corresponde cette fois. Et là, vous êtes seule. Je vous l'ai dit hier, je ne peux que vous montrer des portes, à vous de les ouvrir. Tant que je suis près de vous je peux vous aider à vous retrouver si vous vous perdez dans votre dédale. C'est à peu près tout ce que je peux faire, et sur une durée assez courte. Vous êtes ici pour poser des fondations. Nous pouvons vous donner un petit coup de pouce, mais le gros du travail vous incombe.
-Oui, je comprends. Çà ne va pas être du gâteau cette aventure.
-En effet, mais dites vous que c'est plutôt intéressant de construire une nouvelle vie, plutôt que de rester dans la médiocrité.
-Vu sous cet angle effectivement…
-Restez honnête avec vous-même et ayez confiance en vous, et en nous. C'est le plus difficile…
Armand se leva et la contourna. Il lui caressa les épaules et fit glisser ses mains le long de son dos. Miel se cambra un peu. C'était si bon ce contact qu'elle en oublia ses soucis. Elle s'appuya en arrière pour accentuer la pression. Armand revint se planter devant elle. Elle vit que le tissu de son pantalon était tendu à l'endroit de son sexe, à hauteur de sa bouche à elle.
-Et maintenant, à quoi pensez-vous ?
Flûte, elle s'était encore laissée entraîner à des pensées sauvages au lieu de se concentrer sur l'essentiel.
-A rien de particulier, répondit-elle trop rapidement.

-Vous voyez, Miel. Vous êtes en train de mentir comme toujours et vous vous mentez à vous-même. Ce n'est pas la bonne méthode. Allez, sortez, nous nous reverrons ce soir. Nous aurons une séance un peu particulière qui vous éclairera peut-être.
Miel se leva et sortit. Elle avait envie de pleurer. Elle avait tout gâché par sa dérobade.
Pourquoi n'avait-elle pas dit tout simplement qu'elle voulait qu'il la prenne là, tout de suite ?
Parce que ce n'est pas si simple, justement.

Chapitre 6

Miel se retrouva dans le parc. Elle essayait de faire le point mais pour constater qu'elle n'avançait pas. Tout ce qu'elle avait compris c'est qu'elle en était au niveau zéro de sa vie. Très excitant ! Elle entendit des rires venant de la pergola. Un groupe de femmes semblait passer un moment agréable. Il était temps de se socialiser. Elodie l'aperçut :
- Venez vous joindre à nous Miel. Nous sommes si bien ici !
Le reste de l'après-midi se déroula en papotages et ainsi Miel put enfin situer les principaux membres de la communauté qu'elle croisait tous les jours. Elle se remémora les dernières paroles du maître et piqué par la curiosité demanda :
-Il paraît que nous avons une séance particulière ce soir. Savez-vous de quoi il s'agit ?
Il lui sembla que sa question dérangeait un peu. Une gêne imperceptible s'installait. Ce fut Elodie, la langue toujours bien pendue qui lui répondit :
-Je crois qu'un de nos membres a enfreint une règle. Nous en saurons plus ce soir. Ces séances sont toujours très intéressantes et pleines de surprises.
Miel comprit qu'elle n'en saurait pas plus. Le jour commençait à tomber et le petit groupe se dispersa. Il fallait se préparer pour ce soir.
Elle trouva dans sa chambre une nouvelle robe de soirée, beaucoup plus banale que la précédente. Pas de quoi épater la galerie. Elle l'enfila et se maquilla. Elle ajusta un peu ses bracelets et son collier de cuir. Elle ne pouvait les enlever qu'au moment de la douche et devait pour cela faire appel à Eloïse qui en connaissait le secret de l'ouverture. Pas très pratique, pourtant Miel commençait à s'attacher à ces accessoires. Il était temps de descendre, ce n'était pas le moment d'arriver en retard.
Quand elle entra dans le grand salon, elle comprit que toute la communauté était présente. Ils devaient être une trentaine et tous chuchotaient. Pas une seule voix ne se dégageait du groupe. Elodie l'aperçut et vint à sa rencontre.
-Viens, Chérie et reste près de moi. J'en sais beaucoup plus à présent, tu aurais dû descendre plus tôt. En fait une invitée a été trouvée en possession d'un cellulaire, ce qui est formellement interdit comme tu le sais. Elle doit être punie pour cette faute.
-Que va-t-on lui faire et où est-elle ?
-C'est le Maître qui va le décider. Viens rapprochons-nous.
Elodie la tira et elles se faufilèrent entre les convives. Une silhouette était isolée du groupe qui l'entourait. Elle était couverte par une longue cape en tissus écru et son visage caché par une large capuche. Sara était à ses côtés et le maître lui faisait face. Ce dernier fit un signe à Sara qui aussitôt dans un geste un peu théâtral découvrit la coupable.
« Mathilde ! » Miel était stupéfaite.
Mathilde, si douce, si tendre, un peu secrète certes mais si attentive aux autres. C'est une des premières avec qui Miel avait échangé quelques paroles amicales. Elle en gardait un souvenir plus qu'agréable car Miel avait trouvé cette nouvelle relation très subtile. Et là, elle découvrait Mathilde, les yeux baissés, les mains rassemblées sur sa poitrine, comme en prière. Elle était entièrement nue et ses quatre bracelets étaient reliés à son collier par de fines chaînes. Miel

serra le bras d'Elodie pour chercher dans ce contact un peu de réconfort. L'atmosphère était si lourde qu'elle avait du mal à trouver de l'air pour ses poumons.
Sara saisit fermement les chaînes au niveau du collier et entraîna la femme contre la tenture murale. Elle lui demanda d'écarter un peu les jambes. Elle détacha les chaînes du collier. Elle se baissa et les fixa sur un piton. Elle fit de même pour les bras. Mathilde se trouvait ainsi écartelée contre le mur. Son regard était droit, elle ne baissait plus les yeux. Elle semblait défier l'assemblée. Et puis sans plus la considérer, chacun se mit à vaquer comme si de rien n'était. Le maître et Sara reprirent leur place dans le canapé et les apéritifs furent servis.
-C'est tout ? Demanda Miel.
-Non, regarde. Mathilde est à la merci de ceux qui veulent jouer avec son corps. Elle est à la disposition de tous, hommes ou femmes. Certains ne vont pas s'en priver. Mis à part son compagnon que tu vois là-bas, il est complètement abattu.
Miel découvrit le pauvre homme que tout le monde semblait ignorer. Assis sur une banquette, replié sur lui-même, la tête entre ses mains, il demeurait dans une accablante prostration. Allait-elle le réconforter ? Elodie lui donna un coup de coude.
-Regarde, qu'est-ce que je te disais. Les chacals arrivent.
Un homme s'était approché en effet et donnait des petites claques sur les fesses de l'écartelée. Il l'embrassait dans le cou et ondulait contre son corps. Un autre s'approcha et lui saisit les seins. Il se mit à en téter un, puis l'autre tout en les massant. Il jouait avec les aréoles en les mordillant. Il s'écarta un peu pour libérer la place à un troisième qui avait plus l'air de s'intéresser à l'entrecuisse de la pauvresse. Cette dernière ne pouvait rien faire. Elle essayait d'échapper au baiser du premier qui lui massait les fesses à présent. Elle ne pouvait refuser que ses lèvres en agitant la tête de gauche à droite. Tout le reste était offert sans défense. Ses yeux lançaient des flammes à présent, mais les dents serrées, elle ne proférait aucun son. Sa dignité émut Miel.
-On ne peut rien faire ?
-Qu'est-ce que tu veux faire ? Vas-y si tu veux. Tiens regarde, tu ne seras pas la seule.
Une femme s'était mise à genoux devant Mathilde et lui mordait la chatte. La suppliciée se débattait violemment, mais elle ne pouvait échapper à celle qui la broutait. Miel crut l'entendre geindre, et ce n'était pas de plaisir. La lécheuse redoubla d'effort quand elle s'aperçut que son spectacle attirait nombre d'hommes. Elle se mit à la caresser de façon beaucoup plus intime et lui introduisit deux doigts dans le ventre. Elle reprit son travail de langue de façon plus frénétique à présent. Mathilde inclina la tête en arrière et ne bougea plus, elle semblait avoir sombré dans l'inconscience. N'obtenant plus de réaction, la femme cessa son jeu et repartit avec un homme à chaque bras.
-Alors, tu y vas ?
-C'est ignoble. Et ça va durer combien de temps ?
-Je n'en sais rien. Viens boire un verre, cela te remettra de tes émotions.
Mais Miel ne pouvait détacher ses yeux de la scène. Cela dura une bonne demi-heure encore, avant que le maître et Sara se lèvent. Ils allaient enfin la libérer. Le cercle se reforma autour de Mathilde. Elle semblait avoir repris ses esprits mais son regard était encore plus noir qu'auparavant. Armand fit signe à Sara. La grande prêtresse décrocha les chaînes du mur et la

fit pivoter. Elle refixa les chaînes au mur. Cette fois Mathilde exposait son dos et son fessier au public. Ce n'était donc pas fini.
Les chaînes étaient suffisamment distendues pour que Mathilde offre une croupe bien cambrée. Un homme s'approcha d'elle et la fessa violemment. Puis il sortit de son pantalon un membre énorme. Il fouilla la chatte offerte et lui poignarda le ventre. La pauvre hurla de douleur sous ce coup de bélier. L'autre ne s'en émut pas et continuait de la besogner. Mathilde râlait à présent, elle ne pouvait échapper à ce viol. Le mâle jouit enfin et se répandit dans un ignoble grognement. Repu, il céda la place et un autre s'approchait déjà. Il alla puiser du jus à la source qui dégoulinait et l'étala consciencieusement, avec beaucoup d'application entre les fesses de la suppliciée. On n'avait aucun doute sur ses intentions. Quand il la prit par derrière, Mathilde ne réagit pas, comme anesthésiée. Alors l'autre redoubla d'effort pour lui arracher une quelconque réaction. Mais la pauvre empalée ne lui donna pas ce plaisir, elle pleurait, tout simplement. A bout de souffle, son tyran la libéra dans un dernier râle.
Miel était proche du malaise, sa tête lui tournait et elle dut se cramponner à l'épaule d'Elodie pour rester debout sur ses jambes tremblantes. Tout devenait flou autour d'elle et c'est dans ce brouillard qu'elle discerna vaguement Sara qui décrochait une longue lanière de cuir.
-Procédons, dit le maître, dix !
Et avant que Miel ne comprenne, la lanière vint fouetter le dos de Mathilde. Miel voulut crier mais aucun son ne sortit de sa gorge. Puis ce fut un deuxième et un troisième. Miel se mordait le poing. Mathilde se tordait inutilement ne pouvant échapper à la morsure du cuir. Miel ne comptait plus les coups, mais elle voyait les fesses et le dos de la femme se strier de rouge. Quelques perles de sang apparurent. Enfin Sara s'arrêta. Elle paraissait exténuée, mais ses yeux lançaient des éclairs inquiétants. Elle aimait ça la garce !
La voix du maître rompit un silence pesant :
-Qu'as-tu à déclarer à présent ?
-Va te faire voir toi et ta salope ! hurla Mathilde.
Une clameur sourde s'éleva dans la salle. Tout le monde voyait bien que Mathilde ne tenait plus sur ses jambes et restait suspendue à ses chaînes. Pourtant elle avait encore la force de cracher son venin. Tous les regards se portaient sur le maître de cérémonie :
-Cinq !
Il n'y eu pas un seul murmure, mais un nouveau claquement. Mathilde hurla cette fois, mais l'inflexible Sara ne s'en émut pas pour autant et le coup suivant atterrit sur les fesses déjà bien meurtries. Les suivants visèrent la même cible comme si Sara prenait un malin plaisir à lui infliger la plus grande douleur possible. On ne pouvait attendre aucune pitié de ce monstre. Enfin elle s'arrêta, un méchant sourire sur les lèvres.
Le maître s'approcha :
-As-tu quelque chose à déclarer à présent ?
Mathilde aurait-elle la force de répondre ? Miel ne le pensait pas. Pourtant une petite voix monta :
-Pardon mon maître, pardon maîtresse
-Plus fort, je n'ai pas entendu !
Mathilde rassembla ses dernières forces :

-Pardon mon maître, pardon maîtresse !
-Accordé !
Le maître tourna les talons et retourna s'asseoir. Sara s'affaira et prestement libéra Mathilde qui se laissa glisser à terre. Aussitôt, elle fut prise en charge par trois femmes qui la portèrent dans une alcôve. Aucun homme ne s'était approché pour lui porter secours. Seul son compagnon avait suivi. Il s'était assis à l'entrée de l'alcôve et, résigné, avait repris sa posture.
-Lamentable, ignoble, quels mots pourraient convenir ?
-Calme-toi Miel, ce n'est pas aussi simple.
-Pas aussi simple ! Et qu'y-a-t-il à comprendre ? Que vous êtes tous des fous, et des fous pervers qui plus est !
Elle ne s'était pas rendu compte qu'elle s'était mise à crier. Toutes les discussions avaient cessé et tous les regards se braquaient sur elle. Elle s'approcha du canapé et se planta devant Armand :
-Oui, je répète, maître de merde, des fous et des pervers. Et balayant l'assistance, elle hurla, TOUS !
Elle ne perçut aucune réaction. Quelques regards sévères, d'autres étonnés de cet esclandre, enfin de l'ironie. Elle se retourna vers Armand. Celui-ci ne paraissait nullement affecté. Il eut un petit hochement de tête malgré tout, comme s'il plaignait Miel. Celle-ci n'y tenant plus courut vers la porte et s'enfuit en hurlant de rage.
Elle entra dans la chambre comme une furie et arracha sa robe. Elle tenta de se libérer de ses bracelets et de son collier, mais elle ne réussit qu'à se meurtrir la peau. Elle s'écroula sur le lit et fondit en larmes.

Chapitre 7

Elle ne dormit pratiquement pas cette nuit-là. Les quelques heures de sommeil avaient été peuplées de cauchemars. Elle se traîna jusqu'à sa psyché et découvrit son visage ravagé par la fatigue. Sacré réussite ! Faire un stage dans une maison de fous, bien vu ma grande. En tous cas, je dégage d'ici en vitesse. Le temps de récupérer mes affaires et d'aller dire mes quatre vérités au patron de ce cloaque et adieu ! S'il croit m'impressionner celui-là avec ses grands airs, il se trompe. Et s'il y a sa grognasse, elle en prendrait aussi pour son compte. Miel sentait monter en elle une énergie nouvelle qu'elle n'avait jamais connue. Une rebelle, voilà ce qu'elle était et elle se découvrait ainsi, en marge de ces moutons qui suivent le troupeau. Sûr, qu'ils allaient l'entendre dans le manoir et ils s'en souviendraient.
C'est à ce moment-là qu'Eloïse entra chargée de son plateau.
-Eloïse, ce matin vous préparez ma valise, je pars !
-Quel dommage Madame, je vous regretterai.
-Oh, pas de salamalecs ! Dites à votre patron que je veux le voir ce matin et enlevez-moi ces machins, je ne les supporte plus.
-Monsieur a demandé à ce que vous passiez le voir, ce matin, à n'importe quelle heure. Quant à ces machins, Madame, je n'ai pas reçu d'ordre.
-Mais je veux prendre une douche.
-Hé bien prenez la !
Et la grosse sortit en bougonnant. Miel bouillait de rage. Même la grosse lui tenait tête. Elle tenait à sa place, bien sûr. Elle se jeta sur la nourriture pour prendre un maximum de forces. Une fois bien calée, elle s'habilla de cette robe de jour qu'elle exécrait maintenant. Mais elle n'avait rien d'autre à passer. Elle ne prit pas de douche, trop pressée qu'elle était d'aller moucher ce charlatan. Elle descendit à la réception.
-Je veux voir le boss, et vite !
Des habitués la croisèrent mais feignirent de ne pas la voir. Le vieux serviteur la regarda avec un certain étonnement, mais il se reprit et calmement lui répondit :
-Monsieur Armand est dans son bureau, je peux vous conduire si vous voulez.
-Inutile, mon brave, je trouverai.
Et elle tourna les talons. Bien sûr elle se perdit dans les couloirs tant elle était fébrile. « Quelle gourde je fais, ce n'est vraiment pas le moment ». Enfin elle trouva une femme de chambre qui accepta de la conduire. La servante frappa et ouvrit la porte. Armand était à son bureau et examinait un dossier. Il ne leva pas les yeux.
-Bonjour Miel, je suis à vous dans un instant, asseyez-vous je vous prie.
Miel trouva sa voix mielleuse et hypocrite. Comme il devait être dans ses petits souliers, il lui faisait le coup de l'homme affairé. « Que du bluff, pas de quoi m'impressionner ! »
Armand ferma son dossier et la fixa :
-Alors, contente de votre exploit d'hier ?
-Parfaitement, je ne retire rien de ce que j'ai dit. J'aurais même à en rajouter. Mais je n'ai pas de temps à perdre avec vous. Je vous annonce mon départ et je veux retrouver mes affaires. De plus, vous allez me libérer de ces entraves ridicules. Sachez enfin que ma première

démarche en sortant d'ici sera d'aller vous dénoncer à la police. Inutile de me menacer, vous ne me faites pas peur.
Armand la fixait toujours, et ce salaud avait même l'air de s'amuser :
-Belle diatribe ! Vraiment, je vous découvre Miel. Quelle énergie et quelle véhémence ! Mais plus calmement, puis-je savoir ce que vous retirez de cette expérience ?
-Ce que j'en ai retiré. ? Mais vous vous foutez de moi ! J'en retire un profond dégoût, voilà ! Prendre du plaisir à martyriser une pauvre femme sous prétexte qu'elle planque un téléphone ! Vous ne trouvez pas que vous poussez le bouchon un peu loin ?
Armand ne répondit pas tout de suite. Il attendait que Miel rouge de colère reprenne son souffle.
-Je vais vous dire une chose, Miel. Vous êtes à la fois lâche et sotte.
Il avait prononcé ces mots si calmement qu'elle les prit comme une gifle.
-Espèce de… Comment osez-vous...
-Laissez-moi finir. Vous me dites que vous avez désapprouvé le traitement subi par Mathilde. Pourtant, que je sache, vous n'avez rien fait pour l'aider. Vous auriez pu aller la réconforter, intercéder en sa faveur, vous interposer pour nous empêcher. Qu'avez-vous fait ? Rien. Voilà pour votre lâcheté.
-Mais j'étais effarée !
-Ou fascinée peut-être… et d'après vous qui menait le jeu ?
-Jeu ? Vous appelez ça un jeu ? Certainement pas Mathilde en tous cas, la pauvre !
-Bien, la sottise à présent, plus grave encore.
Miel reçut sa deuxième claque. Le temps de répliquer, Armand poursuivait :
-Vous dites que le motif du téléphone est injustifiable. Vous avez raison sur ce point. D'autant plus qu'il n'y avait même pas de puce à l'intérieur.
-Pas de puce, mais alors…
-Alors, inutilisable. Donc, pas de quoi en faire un flan. Gilles, le compagnon de Mathilde l'a découvert hier matin. En fait, elle lui a carrément mis le nez dessus. Le pauvre ne savait que faire et lui a proposé de le détruire ou de le cacher quelque part. Elle a refusé pour respecter le règlement. Le pauvre homme est venu me voir en fin de matinée pour me remettre l'objet du délit. Il était effondré mais n'a pas cherché à plaider la cause de sa femme. Il s'en est remis à ma décision, ce que j'ai fait.
Tout se mélangeait dans l'esprit de Miel. Elle croyait comprendre et s'y refusait.
-Mais alors…
-Hé oui, vous vous en êtes tenue aux apparences. Vous nous avez jugé et vous n'avez rien compris. Sottise.
-Mais les autres savaient ?
-Personne ne sait rien, et n'a rien à savoir, mais tous se doutent. Ces gens me font confiance, Miel. Cela leur suffit. Ils savent que je ne ferai rien qui puisse leur nuire. Alors ils jouent le jeu quand le jeu leur convient, sinon ils n'y participent pas.
-Ce n'est pas possible…
Miel était perdue. Sa bêtise lui sautait aux yeux et elle ne pouvait l'admettre. Tout ne pouvait pas être aussi simple. Le silence s'installa. Miel se massa les tempes. La fatigue de la nuit se

faisait sentir. Elle releva enfin la tête. Armand attendait patiemment. Elle bredouilla lamentablement :
-Et moi qu'est-ce que je deviens maintenant ?
-Vous êtes maîtresse de votre destin. Vous avez décidé de partir, partez. Si vous êtes encore là ce soir, j'organiserai une soirée particulière rien que pour vous. Croyez-moi sur parole.
-Mais moi, ce n'est pas un jeu !
-Exact. Pour Mathilde, c'en était un et elle le joue avec une grande intelligence, en se servant de nous. Nous l'acceptons, nous y participons. Pour vous c'est une sanction. J'applique la charte que vous avez signée.
-Mais je ne suis pas d'accord, je refuse !
Il s'était remis à écrire, laissant le temps suspendu. Il releva lentement la tête et déclara calmement :
-Alors c'est simple, vous partez.
-Et cela vous laisse indifférent ?
-Une dernière fois Miel, ne vous préoccupez pas de mes ressentiments et de la vie des autres. Occupez-vous plutôt de vos fesses, vous ne savez toujours pas quoi en faire.
Jamais on ne lui avait parlé sur ce ton et Miel resta sans voix. Il poursuivit :
-Sara passera dans votre chambre cet après-midi. Prenez votre décision d'ici-là. Maintenant, sortez. Je crois que vous avez le don de m'exaspérer.
Miel se leva, les jambes un peu cotonneuses et sortit silencieusement sans se retourner. Elle marchait comme une somnambule. Ses pieds semblaient effleurer le sol, et pourtant elle sentait sur ses épaules un poids d'une tonne.

Chapitre 8

Elle se retrouva seule face à son miroir. Pas brillant le spectacle. Complètement abattue, épuisée et ridiculisée. Il lui fallait tout remettre en place dans son esprit et elle ne s'en sentait pas la force. Manque de sommeil. « Tu parles, pas de couilles oui ! Et alors, je suis une femme. Belle excuse ». Elle tournait en rond. Elle se revoyait ce matin au réveil, pleine de sa révolte. La rebelle ! Elle était belle la rebelle, qu'en restait-il ? Une chiffe molle. Elle s'était fait tancer comme une collégienne devant la surveillante générale. Quelle alternative lui restait-il ? Partir en claquant la porte ou partir parce qu'on la fichait dehors. Le résultat ne changeait guère : partir. Elle est pas simple la vie ? « Ma petite Miel, comme d'hab, tu triches. Quoi, Rester ? A quel prix, et puis quoi encore ! Une soirée spéciale pour moi dans le style : montée au Golgotha. Merci bien !» Elle revoyait Mathilde se tordre de douleur. Insupportable. Cette salope en fait prenait son pied alors que son homme se pissait dessus. « Miel, ma chérie, non seulement tu perds les pédales mais en plus tu deviens vulgaire ». Et pourtant elle revoyait le visage ravagé de Gilles. C'est peut-être ça leur amour. Il savait les plaisirs de sa femme, ses désirs, ses fantasmes. Le manoir les avait révélés et ils les vivaient ensemble, complices, quel qu'en soit le prix. Lui, c'était la souffrance intérieure, mais c'est peut-être ce qu'il aimait après tout. Il devait soigner Mathilde et c'est là qu'il prenait son plaisir, pourquoi pas ? Elle, elle ne devait être que souffrance physique, mais peut-être mijotait-elle une nouvelle supercherie pour réaliser ces fantasmes.
« Miel, merde, arrête ! Qu'a dit le maître ? Occupe-toi de tes fesses, pas de celles des autres ! Mes fesses, en ce moment, elles se sentent plutôt mal. Elles implorent la fuite et je comprends leurs raisons. Donc, je pars, la tête haute bien sûr, en claquant la porte. Non, maintenant, ce n'était plus possible. Alors, je pars parce qu'on me met dehors. La queue basse… Façon de parler. Inadmissible, question d'amour propre. Tiens, ma chérie, il t'en reste de l'amour propre ? Que dalle oui. Donc partir avec un bon coup de pieds aux fesses. Tiens, tes fesses, encore, parlons-en ! Arrête, ce n'est pas drôle. Il vaut mieux cette petite atteinte à ta fierté que le supplice que tu as vu hier, non ? Et puis ton petit cul, il ne sert peut-être pas à grand-chose mais tu y tiens quand même, non ? Quant à te faire labourer le dos, non, merci. »
Les pensées tournaient, tournaient et elle se sentait toujours aussi creuse. Le vide en elle s'agrandissait. C'était un gouffre maintenant. « Miel, arrête ! Tu te casses d'ici, tu es complètement grillée. Ensuite tu auras tout le temps de faire le point. »
Stop ! Dit, c'est dit. Enfin, elle se sentit soulagée. Elle comprit qu'elle avait besoin de prendre du recul, sa décision était la bonne. L'avenir s'ouvrait à elle, elle n'était pas venue pour rien. Elle sentit la fatigue s'abattre sur ses épaules. Elle se traîna jusqu'au lit et s'endormit comme une masse.

Ce fut Sara qui la réveilla. Combien de temps avait-elle dormi, quelle heure était-il ? Elle n'arrivait pas à sortir de sa torpeur et ne le cherchait même pas d'ailleurs. Elle se laissait aller, tout simplement. Sara attendait patiemment qu'elle reprenne ses esprits. Enfin elle ouvrit franchement les yeux et sourit :
-Je crois que j'ai fait un rêve.

-Agréable ?
-Très, mais je ne m'en souviens pas. Il y avait des visages qui me souriaient et puis... Non, je ne sais plus.
Elle s'étira et revint à la réalité. Moins drôle... Sara était toujours plantée là au pied du lit, elle attendait tout simplement. Miel comprit qu'elle devait prendre la parole.
-J'ai bien réfléchi, Sara. Je n'ai pas beaucoup de solutions en fait. Mais je ne regrette rien.
-Alors ?
-Je reste.
« QUOI ! Miel, c'est bien toi. Allo, allo ! Ta gueule, toi là-haut, silence la tour de contrôle! »
Mais c'est vrai çà, que venait-elle de dire ? L'instinct ? Oui, c'était cela l'instinct. Instinct de quoi, mystère. Mais elle comprit qu'une partie de son cerveau étant encore en sommeil, elle n'avait pas réfléchi. Et elle s'en sentait bien.
Elle regarda autour d'elle comme si elle se réveillait vraiment. Sara s'affairait à préparer ses affaires comme si de rien n'était. Une journée comme une autre en somme.
-Miel, il est temps de vous préparer.
-J'arrive, mais laissez-moi prendre une douche rapide.
Sara s'approcha pour lui enlever son collier et ses bracelets. Miel eut peur un instant qu'elle ne les lui rende pas. Elle prit rapidement sa douche. Elle prit conscience qu'elle ne pensait pas à ce qui l'attendait. Elle fonçait tête baissée vers son destin sans peser le pour et le contre. Une étrange sensation de liberté, d'abandon. Sara lui remit ses parures et Miel se sentit plus légère encore, comme soulagée.
-Passez cette robe.
-Ah, je ne serai pas...
Elle se tut, pas de paroles inutiles. Sara lui expliqua :
-Le maître en a décidé ainsi, je n'en sais pas beaucoup plus. Ah si, que c'est vous qui assurerez le service de l'apéritif, c'est tout.
Voilà qui était plutôt rassurant, au moins elle était assurée d'être en état de marcher.
-Si vous êtes en mesure de le faire, bien sûr...
Et toc ! « Laisse tomber Miel et marche vers ta destinée. »
Elle passa sa robe. Minimale. Sur le bas, elle était ouverte jusqu'à la taille, fendue devant, derrière et sur les côtés. En haut, échancrée devant et derrière également jusqu'à la ceinture. Si elle ne bougeait pas, elle était très décente, mais au moindre mouvement, il y avait soit un débordement de fesse, soit l'apparition furtive de sa chatte soit l'échappement d'un sein. Importable !
Ensuite le maquillage. Elle avait décidé d'être superbe et d'accentuer son teint et ses traits. Elle choisit les produits waterproof. Si elle devait inonder son visage, elle voulait rester présentable. Dérisoire coquetterie. « Miel, ta lucidité m'épate ». Elle releva ses cheveux et Sara l'aida à faire un chignon. Elle regarda le résultat. Nouveau, mais plutôt bien.
-Qu'en pensez-vous Sara ?
-New look, vous êtes superbe.
Sara ouvrit l'armoire et en sortit ses chaînes. Elle les fixa comme elle avait dû le faire avec Mathilde, la veille. Au moindre mouvement elles chantaient dans un cliquetis aigu. Nullement

gênée, Miel constata qu'elles complétaient sa tenue. Un petit serrement de cœur tout de même. Surtout ne pas réfléchir sinon elle allait reculer.
-Laissez-moi mettre mon parfum et je suis prête.
Elle se parfuma un peu plus que d'habitude, referma le flacon et se ravisa. Elle ouvrit ses cuisses et se vaporisa le ventre. Elle surprit le sourire de Sara.
-C'est bon. Je crois que je suis prête, c'est l'heure ?
-Tout le monde vous attend.
-Parce que vous saviez que j'allais rester ?
-Cela ne faisait aucun doute. Mais attendez, il vous manque encore quelque-chose.
Elle détacha le bijou qu'elle portait au cou, une pierre que Miel avait déjà remarquée. Elle en ceint le front de Miel, l'ajusta.
-C'est une pierre très ancienne, elle nous a toujours protégée depuis de nombreuses générations. Vous me le rendrez plus tard, après.
-Mais pourquoi…
-Arrêtez de poser des questions et descendons. Nous sommes attendues.
Quand elles pénétrèrent dans le salon les conversations cessèrent. Silence glacial. Elle n'était pas la bienvenue, c'est sûr, pourtant elle ne croisa aucun regard vraiment hostile. Sara la précéda et la conduisit contre le mur des lamentations. Miel frémit. Elle reprenait soudainement conscience de son rôle. Elle chassa ses pensées. Vivre l'instant présent, ne pas se projeter. Mais merde, hier… Il n'y a pas d'hier, il y a maintenant. Elle se redressa et choisit de regarder droit devant elle, les yeux perdus dans l'infini. Le silence était redoutable, menaçant presque.
La voix du maître s'éleva alors :
-Miel, vous savez pourquoi vous allez être punie. L'acceptez-vous ?
Une grosse boule dans sa gorge. Allait-elle pouvoir répondre ? Elle chercha à avaler sa salive, mais sa bouche était sèche. Elle rassembla toute sa volonté :
-Oui, je l'accepte !
Sa voix avait sonné haute et claire et cela l'étonnait.
-Si quelconque s'y oppose ici, qu'il parle.
« Joker, pensa-t-elle, un peu d'espoir ». Un silence encore plus pesant répondit. Miel avait fermé les yeux. Elle espérait qu'une voix s'élève, mais elle n'entendit rien. Au moins elle faisait l'unanimité et il n'y aurait pas de miracle.
-Procédons !
C'en était fait. Sara suivit le même cérémonial que la veille. Miel allait être livrée aux chiens. Elle se laissa faire. A aucun moment elle ne croisa le regard de sa tortionnaire. Cette dernière opérait, sans état d'âme. Le maître tourna les talons et se désintéressa de son sort. Les conversations reprirent, Miel se retrouva seule, exposée à l'humiliation. Il lui sembla pourtant qu'on l'avait oublié. Elle commença à mieux respirer. Ainsi, elle n'inspirait pas de vils appétits. Mais peut-être avait-elle droit à un régime de faveur ?
Elle déchanta rapidement. Un homme s'était approché et déjà lui caressait le cou. Miel ferma les yeux. La main potelée descendit et lui saisit un sein.
-Joli, très joli. Et quelle fermeté. Je crois que je vais goûter.

Ce qu'il fit, suçant, mordant et passant de l'un à l'autre. Devant le manque de réactivité, il la planta là, apparemment rassasié. Miel rouvrit les yeux. Elle ne s'était pas imaginé que cette épreuve soit aussi terrible. Pire qu'humiliée, elle se sentait souillée. C'est alors qu'elle vit Elodie s'approcher avec un large sourire. « Non, pas cette petite garce ! ». Sûre qu'elle allait jouer d'elle et se régaler. Miel se raidit quand Elodie lui passa une main autour de la taille pour l'attirer contre elle. La petite blonde s'approcha encore et frotta sa joue contre celle de Miel, puis elle l'embrassa. Miel se laissa faire. En plus du supplice, l'affront. Les lèvres de la femme se rapprochèrent de son oreille, elle lui en mordit le lobe mais susurra :
-Courage Chérie. Toutes les femmes sont avec toi. Une espèce de contre-action en quelque sorte. Nous occupons les hommes du mieux que nous pouvons. L'autre, celui qui t'a touchée, a déjà été neutralisé.
Elle l'embrassa à nouveau et la laissa là, affichant le même sourire. Miel aurait voulu pleurer. Pourquoi se trompait-elle tout le temps ? Elle se ressaisit sachant qu'il ne fallait pas craquer, pas maintenant. Elle n'était plus seule.
Le temps passait, et c'est vrai qu'elle était peu importunée. Chaque fois qu'un homme s'approchait d'elle et la touchait, il était subtilement détourné de son objectif. Le commando en jupons veillait et usait de toutes ses armes pour repousser l'assaillant, en souplesse, tout en délicatesse. Miel croisa le regard de Mathilde. Ses yeux brillaient d'une flamme nouvelle. Elle sourit à Miel et cette dernière le lui rendit, un peu crispé tout de même.
Le maître se leva enfin, suivi de Sara. Le silence se fit. Le maître remarqua la pierre que Miel portait au front. Un léger froncement de sourcils, une vague hésitation, puis un signe à Sara. Elle décrocha les chaînes de Miel et la retourna. Miel savait ce qui l'attendait, et là, son corps refusait. Malgré elle, elle osa résister. Mais la poigne de Sara était telle qu'elle ne put s'opposer à sa volonté.
C'est alors qu'elle sentit une poigne d'acier lui serrer le ventre, mais de l'intérieur. C'était de la peur, la peur panique de l'animal traqué par la meute et qui sent venir la Mort. Ce n'était pas la souffrance qu'elle craignait, puisqu'elle ne pouvait l'imaginer. C'était de voir tomber ses défenses, ultimes remparts de son intégrité. Elle se livrait non pas seulement au fouet, mais à l'abandon de ce qu'elle avait été, à jamais. Que pouvait-elle trouver dans cette funeste ordalie, si ce n'est sa propre perte ? Elle l'avait accepté faute de l'avoir voulu et maintenant, elle devait contrôler cette vague de panique qui menaçait de la submerger. Et ça, elle ne savait pas faire. Une part d'elle-même refusait de se livrer et résistait encore. Se révolter ou se laisser vaincre ?
Les deux pans arrière de sa robe furent rabattus devant elle, découvrant ainsi son magnifique postérieur. L'exécutrice des basses œuvres décrocha la lanière.
-Cinq !
Et le premier coup la cingla. Une myriade de petites piqûres montèrent le long de son échine. Pas de douleur réelle, mais arrivées à son cerveau, ce fut une explosion. Miel hurla, plus de surprise que de douleur. Elle s'était pourtant juré de ne pas desserrer les dents, mais là, c'était trop. Jamais elle n'aurait pu imaginer une telle fulgurance. Le second tomba à ce moment. Là, elle ne fit que gémir en une longue plainte tout en serrant les poings. Elle tira sur ses chaînes comme si cela pouvait la soulager et le troisième coup suivit. Ce fut un feulement qui

s'échappa de sa gorge, celui de la bête blessée à mort, rassemblant ses dernières ressources. Puis le quatrième, son cri monta sous la voûte et emplit la pièce. Elle eut encore la force de se débattre et de rugir. Enfin le cinquième et surtout le dernier. Miel plia sur ses jambes qui ne voulaient, ne pouvaient plus la soutenir. Pendue à ses poignets, ses bras étaient distendus. Elle n'était que douleur partout, mais surtout elle vivait avec horreur son propre anéantissement. Elle était enfin vaincue et s'en sentit presque soulagée. Seul instinct de survie, la tête renversée en arrière, elle cherchait de l'air.
-Miel, qu'avez-vous à dire ?
Miel cherchait son souffle, il fallait absolument qu'elle réponde, et vite :
-J'implore le pardon de mon Maître et celui de tous ceux que j'ai insultés hier !
Un brouhaha envahit la pièce. Cela dura une bonne minute, puis il retomba. Nouveau silence. On attendait le verdict. Armand se retourna. Il constata que toutes les femmes étaient au premier rang, les bras croisés en signe de défi. Il n'hésita pas :
-Accordé !
Sara la saisit par la taille et la débarrassa de ses chaînes. Miel était allongée et reprenait ses esprits. Elle vit que toutes ces dames s'étaient rassemblées en demi-cercle et faisait une haie de protection. Nul ne verrait son visage de souffrance. Elodie se pencha sur elle.
-Lève-toi, Chérie sinon après tu ne pourras plus. Viens, suis-moi.
Elle fut escortée, presque portée par la cohorte jusqu'à l'alcôve.
-Allonge-toi sur le ventre, je vais te passer une crème apaisante.
-Ne me touche pas !
-Ne fais pas ta mijaurée et laisse-moi faire.
D'autorité, Elodie écarta les pans de la robe et enduit le fessier meurtri. Le premier contact fut insupportable, mais bientôt la douleur aiguë s'apaisa. Il ne restait qu'une sourde sensation de brûlure.
-Je te laisserai cette crème pour la nuit. N'oublie pas que ta tâche n'est pas finie, tu es de service ce soir.
Miel avait oublié ce dernier volet. Il allait falloir se lever. Elle essaya de s'asseoir, impossible. Elle dût rouler sur elle-même et se mettre à genoux avant de se redresser. La tête lui tournait un peu. Elle s'appuya sur Elodie et murmura :
-Je crois que ça peut aller.
Elle sortit de l'alcôve et respira profondément. Elle remit de l'ordre dans sa tenue essayant vainement d'ajuster sa robe. Le pas hésitant, elle s'avança pour assurer son service, en commençant par le maître bien entendu. Elle connaissait ses goûts et lui servit d'office un double whisky fumé. Les jambes toujours tremblantes, elle le lui tendit.
-Alors Miel, qu'en dites-vous ?
-Que la sagesse rentre par les fesses. Original, Non ? Efficace, j'espère…
-Faites voir.
Elle se devait de garder la face, même si son derrière était en feu. Faute d'un beau fessier, faire bonne figure. Elle se retourna lentement, écarta les pans de sa robe et dévoila son postérieur endolori. La pudeur l'avait totalement abandonnée et elle ressentit même une pointe d'orgueil à se dévoiler. Armand caressa du bout des doigts les boursouflures encore à

vif. Il s'attarda un peu plus longuement le long de son sillon, le parcourut et descendit légèrement entre ses cuisses. Il revint sur ses blessures. Miel sentit que ses doigts désiraient plus encore, mais elle ne fit rien pour les encourager. Elle gardait seulement la pose, défiant toute l'assemblée du regard, tout en esquissant un sourire qui se voulait malicieux.
-C'est bien, je constate que Sara n'a pas eu la main trop légère. Merci Miel.
-A votre service, Maître.
Miel repartit pour satisfaire les convives. Chaque fois qu'elle se penchait en avant pour prendre commande ou déposer une collation, elle savait qu'elle offrait la vue de sa poitrine généreuse par devant et celle de son cul maltraité par derrière. Cette idée l'amusa un peu et les quelques mains baladeuses la flattèrent plutôt.
Tant qu'on ne touchait pas à ses fesses !

Chapitre 9

Cela faisait maintenant une dizaine de jours que Miel vivait au manoir. Pour une fois, elle avait suivi les conseils du maître. Elle s'était occupée de ses fesses. Elle avait dormi les deux premières nuits à plat ventre, les autres positions lui étant interdites et sanctionnées par un réveil immédiat et cuisant. Eloïse lui avait prêté main forte, c'est le cas de le dire, par des massages vigoureux et des onguents mystérieux. Elle se regardait dans la glace et était plutôt satisfaite du résultat. Elles avaient retrouvé leur superbe les deux petites. Peut-être même en mieux, elle les trouvait plus toniques. Le massage avait-il été bénéfique ? Celui de Sara s'entend. Elle sourit à l'idée d'y prendre goût. Mais, non, ce n'était pas sa tasse te thé, il fallait laisser ça à Mathilde et à d'autres. Les deux femmes s'étaient beaucoup rapprochées depuis quelques jours. Miel recevait ses confidences et commençait à mieux la comprendre. Ce petit bout de femme lui avait confié que depuis vingt ans elle avait vécu dans l'ennui total. Peu à peu la dépression l'avait gagné, sournoise et implacable. Quand elle avait découvert le manoir, cela avait été une révélation pour elle. Elle n'était guère expansive en société, plutôt discrète même, mais elle savait mener sa barque et ruser pour arriver à ses fins. Mais pour oser, il lui avait fallu beaucoup de courage. Miel avait payé cher son stratagème, mais elle ne lui en tenait pas rigueur. Après tout, elle ne pouvait s'en prendre qu'à elle-même.

-Vous avez de la chance d'avoir trouvée votre voie, moi, je cherche toujours la mienne.

Mathilde la fixa avec un drôle de sourire aux lèvres.

-Vous plaisantez, je suppose.

-Pas du tout Mathilde, je vous promets. J'erre dans ce manoir sans vraiment trouver ma place. Et quand je partirai je serai aussi vide que naguère.

Mathilde partit d'un immense éclat de rire. Miel ne comprenait pas.

-Ma chère Miel, vous êtes aveugle. Et vous arrivez tellement à vous mentir à vous-même, en toute franchise, que c'en est très touchant.

-Je ne comprends pas.

-Cela ne m'étonne pas, mais j'espère que vous comprendrez un jour et rapidement. En tous cas, ce n'est pas à moi de vous mettre sur la voie. Vraiment, vous êtes incroyable ma chère !

Et Mathilde la planta là, sans autre explication. Elodie déjà lui avait fait quelques allusions oiseuses sur sa place au manoir. Bien sûr, elle n'avait rien compris.

« Il doit me manquer une case, pensa-t-elle ».

Elle rentra au manoir pour se préparer. Elle avait pris l'habitude d'arriver tôt, car depuis sa mémorable punition, elle avait pris goût à faire le service de l'apéritif. Cela lui permettait de côtoyer tous les convives et de glisser un mot à chacun sans vraiment entrer dans la conversation. Elle découvrait ainsi les nouveaux arrivants et pouvait leur donner des conseils d'ordre pratique. Ce qui l'avait le plus étonnée, c'est que nul n'avait jamais fait allusion à son esclandre, comme si cette page avait été gommée des mémoires. Elle ne s'effarouchait pas qu'une main vienne se glisser sous sa robe. Cela n'allait jamais très loin et elle comprit rapidement que c'était plus un signe montrant qu'on l'appréciait qu'un vulgaire pelotage. A son arrivée on lui avait demandé d'être disponible, elle l'était. Bien sûr, cela ne comblait pas le vide qu'elle avait en elle, mais elle ne s'en souciait plus. Elle se contentait d'être attentive

aux autres et de ne s'occuper que de ses fesses cette fois. Quand tout le monde était servi, elle allait s'asseoir sur le petit tabouret, près du canapé. Là était sa tanière au milieu de tous. Elle pouvait vaquer à des idées vagabondes tout en restant attentive à la communauté. Quand le maître était là, il lui caressait la nuque et les épaules. C'était devenu une sorte de rituel. D'ailleurs c'est ce qu'il faisait maintenant. A chaque fois, un frisson la parcourait, plutôt agréable.
-Mes amis, dans quatre jours, nous fêtons l'anniversaire de notre petite société. Il y aura beaucoup de monde, de vieux habitués et des nouveaux. Je tiens à ce que le meilleur accueil leur soit offert. Deux jours de fête non-stop. Il va nous falloir gérer notre énergie. Mesdames, je compte beaucoup sur vous. N'hésitez pas à user de vos charmes. Quant à vous messieurs, je compte sur votre soutien pour les stimuler.
Cette annonce fut acclamée. Enfin de l'action.
-A partir de ce soir, les dames porteront leurs chaînes constamment, de nuit comme de jour. Je veux qu'elles fassent partie intégrante de vous-même. Vous devez pouvoir être disponible à n'importe quelle heure et dans une tenue appropriée. Il en est de même pour les messieurs, certaines dames invitées ont des besoins urgents… N'oubliez pas qu'elles ont été initiées ici et qu'elles sont devenues expertes en libertinage.
Les femmes se mirent à glousser alors que ces braves messieurs semblaient plutôt perplexes. Les femmes quittèrent la pièce et revinrent avec leurs chaînes. Elles se les ajustèrent mutuellement. Miel voulut se lever, mais le maître la retint d'une poigne impérieuse.
-Cela attendra, je suis occupé avec vous, vous le voyez bien.
Toutes défilèrent devant lui. Sara rajustait parfois leur tenue et leur donnait des recommandations. Les femmes étaient radieuses, bien peu avaient porté cet attirail et elles se réjouissaient que ce soit à l'occasion d'une fête. Miel, à cet instant les enviait et se sentit un peu nue. Elle se consola en sachant qu'elle les arborerait demain.
Sara se pencha vers Armand et lui murmura quelques mots à l'oreille. Il acquiesça. Sara prit alors la parole :
-Élodie, approche et enlève tes chaînes de chevilles.
Elodie s'exécuta, un peu intriguée. Elle ne garda que ces chaînes de poignets attachées au collier.
-Oui, c'est mieux ainsi. Mesdames vous ne porterez que ces chaînes. Déposez les autres mais faites attention de ne pas le mélanger, elles sont à votre taille.
Toutes les femmes obtempérèrent, la plupart un peu déçues. Pourtant elles reconnurent que le rendu était bien meilleur. Elles gagnaient en grâce et en légèreté.
Pour le vérifier, elles se précipitèrent sur leur compagnon respectif pour mesurer les effets de leurs charmes. Les hommes faillirent battre en retraire sous l'assaut mais ne purent y échapper. Ils prenaient ainsi la mesure de ce qui les attendait…
La voix du Maître s'éleva :
-Attendez, je n'ai pas fini. Tous les hommes porteront une djellaba.
Stupeur et scepticisme. Plaisantait-il ? Apparemment non. Les femmes poussèrent des petits cris de satisfaction et ces messieurs, beaux joueurs, s'inclinèrent.

-Vous serez appelés demain à tour de rôle pour choisir la tenue que vous porterez et y apporter les retouches nécessaires.
Là encore grande ovation. Décidément, ça se démocratise, pensa Miel. Sara se pencha vers elle et lui murmura perfidement :
-Vous ne serez pas convoquée, Miel, votre tenue est déjà choisie.
« Et toc, encore perdu ». Elle demeura imperturbable malgré sa déception.
-Demain, répétition générale, annonça le maître, tous en tenue de gala.

Eloïse réveilla Miel assez tard. Après avoir ouvert les rideaux elle se dirigea vers l'armoire et en sortit ses chaînes. Elle les tendit à la belle ensommeillée et la tança vertement :
-Vous cherchez encore des problèmes en transgressant les ordres. Mettez-moi ça tout de suite.
-Les autres ont le droit de choisir leur robe, on m'impose la mienne.
-Arrêter de faire la coquette et ne le prenez pas mal, ce n'est certainement pas pour vous brimer. Faites confiance à Sara.
-Cette petite punaise fait tout pour me rabaisser.
-Vous dites des sottises, comme d'habitude. Vous n'avez rien dit, je n'ai rien entendu. Mettez vos chaînes et descendez prendre votre petit déjeuner.
Depuis une semaine, Miel préférait prendre sa collation matinale dans les cuisines plutôt que seule dans sa chambre. Elle aimait particulièrement l'agitation qui y régnait. Les bonnes odeurs qui emplissaient l'air la mettaient en appétit. Parfois Gilbert, le palefrenier, s'asseyait en face d'elle pour manger son bout de lard. Il ne lui adressait jamais la parole si ce n'est un grognement pour la saluer. Ce matin, Miel le trouva attablé. Elle s'assit à sa place et le regarda manger en attendant son plateau. Les bruits de succion et de déglutition n'étaient pas discrets, mais Miel s'y était habituée. En fait elle aimait bien cette compagnie silencieuse.
-Alors, cette balade à cheval ? Toujours pas ?
Tiens, Gilbert parlait.
-Je ne monte pas très bien, vous savez.
-Dommage, les chevaux s'ennuient.
-Je n'ai rien à faire ce matin, je passerai visiter les écuries.
Gibert ne dit rien. Il rota bruyamment et quitta la pièce. Miel déjeuna et sortit dans le parc. Elle prit la direction des écuries. Elle croisa ses compagnes et trouva très charmant de les voir avec leurs chaînes. Sophie et Elodie bavardaient. Miel se joignit au duo.
-Pas très confortable de dormir avec ça. Et vous Miel, ça a été ?
-A peu près, mentit-elle.
Et comme elle avait peur de se trahir, elle les laissa là.
Les écuries. Vieux bâtiment tout en longueur. Une dizaine de stalles mais seulement huit étaient occupées. Gilbert faisait travailler un cheval à la longe. Elle s'accouda à la barrière et apprécia la démonstration. L'homme savait s'y prendre et dirigeait le hongre par de petits claquements de langue. Au bout d'une demi-heure, il l'arrêta. Miel s'approcha et flatta la bête.
-Beau travail et bel animal.
-C'est mon préféré. Il faut le faire travailler, il adore ça.

Il le prit par la bride et tous trois se dirigèrent vers les box. Il ôta le licol et enferma le cheval.
-Je vais à la sellerie, si vous voulez visiter.
Miel le suivit. Gilbert ouvrit la porte et Miel entra. Une bonne odeur de cuir et de sueur se mêlait. C'était un peu entêtant mais pas désagréable. Miel entendit la porte se refermer. Elle était dans la pénombre. Une main rude la saisit par ses chaînes et la fit pivoter. Le piège se refermait. Quelle gourde elle faisait. L'homme la dépoitrailla sans douceur et se colla contre elle.
-Viens petite chienne, ça va être ta fête.
-Arrêtez, Gilbert, vous prenez trop de liberté. Calmez-vous, je vous en prie. Lâchez-moi.
-Et alors, j'en ai parfaitement le droit.
Miel réalisa qu'il disait certainement la vérité. L'homme sentait le fauve. La sueur de l'homme mêlée à celle des chevaux l'enivrait. Elle se laissa faire. Il essaya de l'embrasser, elle se détourna. Il ne s'en formalisa pas et se pencha sur sa poitrine. Il avala un sein. Il lui faisait mal mais elle le laissa faire. Elle sentit sa main la trousser. Elle comprit qu'il était vain de résister, et d'ailleurs, en avait-elle envie ? Elle écarta les cuisses. Des doigts rugueux griffaient sa chatte et d'un coup la pénétrèrent. Miel râla.
-Tu aime ça petite salope, hein !
La tête renversée en arrière, Miel voyait tout tourner. L'homme dégrafa son pantalon, il allait la prendre, là, debout. Elle se saisit du sexe bandé. Il était énorme. Elle le branla avec rage. Lui la fouillait encore et commençait à ahaner. Sa pression se fit moins rude. Miel continua et mit plus d'ardeur encore. Ses jambes tremblaient et commençaient à fléchir. Elle réunit ses deux mains sur le pal géant et accéléra le rythme.
-Oui, petite pute, vas-y, comme ça. Allez salope, branle. Oui ! Tu aimes ça, hein ?
Et il explosa sur le ventre de Miel en un long jet saccadé. Elle sentit de petits spasmes dans son ventre et une onde de chaleur la gagner. Elle poussa un long soupir qui s'acheva dans un gémissement feutré. Elle se caressait encore le ventre, étalant le foutre sur sa peau.
Gilbert tomba à genoux pantelant, glissant le long des cuisses de la blonde. Miel se passa une main gluante sur le front, l'autre était crispée sur la chevelure de l'homme. Lentement elle se rajusta toute poisseuse de sperme et sortit en titubant. La lumière l'aveugla. Elle respira profondément et prit la direction de l'étang.
Sur la rive, elle ôta sa robe et seulement vêtue de ses chaînes plongea dans l'eau.
« Tu as joui petite garce. Reconnais-le. C'est le premier homme qui te touche depuis des semaines et tu jouis comme une vraie bête, comme jamais ton homme n'a réussi à le faire ».
Il faut dire qu'avec Bernard, les rapports étaient plus hygiéniques qu'érotiques. Elle se demandait même s'il l'avait vu nue une seule fois. Elle gardait toujours pour dormir une chemise de nuit en dentelle blanche qu'elle n'enlevait jamais. Son mari était délicat. Le soir, la lumière éteinte, il s'approchait d'elle, l'embrassait tendrement tout en la caressant à travers le tissu. Comprenant ses intentions, elle ouvrait ses cuisses et se laissait pénétrer. Elle n'éprouvait aucun plaisir si ce n'est de le contenter. Elle se devait de le faire pour lui. Cela, ne durait jamais très longtemps et lorsqu'il se recouchait prés d'elle et commençait à s'endormir, elle se levait pour aller se laver. Elle ne supportait pas de salir ses draps avec tout ce liquide poisseux !

Ses souvenirs semblaient appartenir à une autre vie à présent. Voilà qu'elle se donnait au premier venu. Et pas n'importe lequel, le moins attirant de tous. Et elle jouissait… Elle aurait dû être dégouttée de son ressentiment et en fait elle souriait, s'en délectait même, allongée dans l'eau fraîche tout en se caressant le ventre. Le froid commençait à la saisir. Ce n'était pas le moment d'attraper un rhume. Elle fit quelques brasses et sortit. Elle ne prit pas le temps d'attendre d'être sèche et se rhabilla.
Arrivée au manoir elle demanda une autre robe et se changea. Eloïse la considéra avec pitié.
-D'où sortez-vous Madame Miel ? On a pas idée de se baigner par un temps pareil. Et puis regardez vos cheveux. Je vais vous préparer un bain bien chaud aux herbes. C'est pas Dieu possible, tout va mal ce matin.
Miel ne put s'empêcher de sourire. Ce matin, tout allait plutôt bien au contraire…

Chapitre 10

Sara lui rendit visite en fin d'après-midi. Elle lui apportait sa robe. Miel découvrit une soie très fine aux dessins chamarrés dans les tons allant du rouge au violet.
-C'est moi qui l'ai dessinée, elle n'a jamais été portée. Il faudra certainement quelques retouches. Passez-la, je vous prie.
Miel leva la robe devant elle et l'enfila. Tout cela ne l'intéressait pas.
-Je l'ai appelée Marguerite. Elle est composée de pétales.
Effectivement, le bas de la robe était composé de six pans qui se recouvraient légèrement. La coupe était originale. Celui de devant était cousu à hauteur du pubis, alors que celui de derrière remontait jusqu'à la taille. Cela mettait en valeur sa chute de rein. Elle tourna sur elle-même et le bas de sa robe s'ouvrit en corolle. Le haut offrait un large décolleté en V. Dans le dos, le tissu tombait en arrondi en un charmant drapé. Miel constata que tout était parfait et qu'elle n'aurait pas pu avoir un meilleur choix.
-C'est très bien.
-Non, pas tout à fait.
Sara sortit quelques épingles et rectifia la ligne par ci par là. Miel ne trouvait pas cela indispensable et pourtant quand l'ouvrière eut terminé, elle constata que le tissu épousait parfaitement les lignes de son corps.
-Otez-la, je vous prie, et faites attention aux épingles. Je vais la faire retoucher.
-Mais ce soir ?
-Vous mettrez la même robe qu'hier.
Encore un affront. Sara pouvait très bien venir ce matin et la robe aurai été prête le soir. Oui mais ce matin, elle vaquait dans d'autres contrées. Et de toute manière Sara avait été très occupée à vêtir toutes les autres.
« Il n'empêche que je vais être la seule à ne pas être en tenue, pensa Miel. »
Indifférente à ses états d'âme, Sara prit la robe et sortit sans faire de commentaires. Miel restait seule à ruminer sa rancœur.

Elle entra très tôt dans le salon pour y être la première. C'était la meilleure solution pour passer inaperçue. Elle prépara les verres pour l'apéritif. Ensuite quelques cocktails qu'elle savait être appréciés. N'ayant plus rien pour s'occuper, elle alla au fond de la pièce. L'alcôve était ouverte, donc elle pouvait en disposer. Elle tira les rideaux pour ne pas être dérangée et s'allongea sur le vaste lit qui l'occupait. Elle dût s'endormir car peu de temps après elle perçut un tumulte de voix provenant de la pièce à côté. Elodie entrouvrit le rideau :
-Alors ma Chérie, tu attends de la compagnie ?
Miel se redressa et haussa les épaules. Elodie avait choisi une tenue très sage. Elle faisait un peu écolière anglaise dans sa jupe plissée au tissu écossais et son petit corsage blanc. Elodie déchiffra la mine dubitative de Miel.
-Oui, je suis un peu d'accord avec toi, je ne suis pas très satisfaite de mon choix en fait. Le style « petite fille » n'est pas du meilleur goût. Surtout avec les chaînes, ça ne va pas. Je vais demander à Sara si je peux encore changer. Allez-viens.

Elle prit sa compagne par le bras et alla se mêler aux autres. Ce soir, tout n'était que couleur et bruissement de tissus. Les hommes riaient fort, apparemment très satisfait de leur nouvelle tenue. Il est vrai qu'ils avaient craint tout d'abord être ridicules dans leur robe, mais constataient en fait, surtout en regardant leurs voisins que cela leur donnait une certaine prestance. Ils en oubliaient de regarder les femmes. Pourtant, elles étaient toutes rayonnantes de beauté.et virevoltaient dans la pièce en esquissant quelques pas de danse. Les chaînes cliquetaient dans un ensemble plutôt mélodieux. C'était la fête avant la fête. Miel s'approcha de la table centrale. Armand avait enfilé une superbe djellaba, sobre et très légère. Sara à ses côtés portait une robe assez quelconque, mais surtout avait passé des bracelets de poignets et un collier de cuir identiques à ceux que toutes portaient. Il ne manquait que les chaînes. Cette nouvelle tenue était néanmoins surprenante et n'échappa à personne. Miel se fit discrète mais tous notèrent sa triste mine. Pourquoi cette disgrâce ? Les regards la fuyaient mais elle mit un point d'honneur à assurer son service du mieux qu'elle put. Elle surprit Elodie et Armand à l'écart. La petite effrontée avait acculé le maître dans une encoignure de fenêtre et parlementait. Armand avait dégrafé quelques boutons de son corsage et lui caressait les seins. Il lui avait également troussé sa jupette et lui malaxait les fesses. Elodie se pâmait tout en lui parlant. Elle devait négocier une autre tenue, tandis que lui, devait argumenter à sa manière en lui démontrant ses attraits.
Miel ne prit pas place au pied du canapé et quelque temps après décida de quitter l'assemblée. Pendant les deux jours qui suivirent, le manoir ne fut qu'effervescence. Chacun de sa propre initiative mit la main à la pâte, qui pour décorer la maison, qui pour aider le personnel à préparer la vaisselle et dresser les tables. Cela les changeait de l'oisiveté habituelle. Miel découvrit des pièces qu'elle ne connaissait pas, comme une vaste salle de billard au premier étage et au second les chambres d'hôtes. Il fallait que tout soit parfait. Miel s'occupa avec Sara de contrôler les invitations ainsi que de répartir les hôtes dans différentes chambres pour ceux qui resteraient deux jours. Elle dût également vérifier que rien ne manquait si bien qu'elle passa la journée à monter et descendre les escaliers. Le soir, elle était sur les genoux. Demain, d'après ce qu'elle avait évalué, ils devraient être environ cent cinquante, pas moins mais peut-être plus. Le soir arrivé, le salon retrouva tout son monde, mais l'ambiance était plutôt calme. Tous récupéraient des efforts de la journée. Les femmes étaient lascives dans les bras de leur compagnon, incapables d'une quelconque espièglerie. Quelques caresses lasses rien de plus. Leurs chaînes étaient oubliées et Sara avait eu raison de leur en imposer le port. Elles faisaient maintenant partie de leur corps.
Miel, aussi épuisée que les autres avait délégué son service à un domestique. Elle tenait néanmoins à circuler de table en table pour glisser un bon mot à chacun, comme à l'accoutumée. Mais le cœur n'y étant pas, elle disparut rapidement.
Eloïse apparut très tôt le matin. Miel voulait continuer sa nuit. La pièce fut inondée par la clarté matinale.
-Debout, fainéante ! La journée va être longue.
-Non, Eloïse, encore un peu, supplia Miel.
D'un revers du bras, la grosse et implacable servante arracha les draps. Miel grogna pour montrer sa désapprobation.

-Allons, dépêchez-vous, moi aussi je suis débordée. Je vous ai déposé votre tenue du jour et votre robe du soir. Tout est sur le fauteuil. Je vous laisse, mais ne vous rendormez pas. Vous accueillez les invités à partir de onze heures, les répartir dans leur chambre, leur faire visiter la maison pour ceux qui ne connaissent pas et tout le toutim. Alors pas question de traîner.
-Eloïse, je vous hais !
-Tant mieux, ça donne de l'énergie.
Elle la libéra de ses entraves qui n'en étaient plus d'ailleurs.
-A la douche ! Je vous ai monté votre petit déjeuner, ça refroidit.
Miel se traina jusqu'à la salle de bains et prit une rapide mais vivifiante douche. Elle ressortit et la grosse lui repassa rapidement ses bracelets.
-Vous serez merveilleuse ce soir. Comme je vous envie.
Miel fit une moue d'enfant gâté. Machinalement, elle remit ses chaînes et déjeuna.
Les invités arrivèrent plus tôt que prévu, vers dix heures et bien sûr Miel n'était pas encore prête. Heureusement, elles étaient cinq à l'accueil et tout se passa bien. Miel pris en charge un couple assez jeune qui ne connaissait pas la maison. Elle leur montra leur chambre et leur fit visiter une partie du manoir. Elle s'aperçut rapidement qu'ils étaient plus captivés par elle que par la visite. L'homme ne pouvait s'empêcher de la reluquer alors que la femme passait son temps à suivre le mouvement de ses chaînes, fascinée par leur vue. Elle les laissa dans le hall et leur conseilla d'essayer de retrouver leur chambre. Vu l'attention qu'ils avaient portée à la visite, ils n'étaient pas prêts d'y arriver.
Ce fut toute la journée le même ballet. Les femmes se relayaient, car à ce rythme-là, elles seraient épuisées le soir arrivé. Miel se reposa deux heures dans l'après-midi tout en restant disponible au cas où. Personne ne la dérangea ce qui lui permit de récupérer. Le soir tombant, elle se prépara minutieusement. Elle prit tout son temps, savourant ce moment avant le coup de feu.
Ce soir, elle se voulait reine.

Chapitre 11

Miel retrouva Elodie et Sophie dans le hall. Elles l'accueillirent chaleureusement.
-Tu es magnifique, Miel. On se posait toutes la question de savoir comment tu allais être. Superbe, ma chérie, tout simplement superbe ! Comme tu le vois, j'ai changé. J'ai opté pour la tenue minimaliste et Sophie la transparence.
Çà, pour être minimale, elle l'était. Un simple bandeau autour de la taille à ras le pubis, un autre autour de ses seins et une fleur dans les cheveux. La fleur faisait très habillée, mais ce n'est pas ce qu'on remarquait en premier. Sophie portait une robe de tulle fin et très flou. A contre-jour on devinait ses formes au demeurant fort charmantes. Ses aréoles pointaient sous le tissu comme une invite au toucher. Miel ne s'en priva pas et lui titilla le mamelon à travers le tissu. La brunette se pâma et glousse d'aise :
-Tu penses que ça va plaire ?
-Aucun doute. Je vous conseille même de vous trouver un garde-du corps. Vous êtes toutes les deux un appel au viol.
Elodie les prit par la main.
-Allons-y, j'ai hâte de voir l'effet que nous allons faire.
Quand elles entrèrent, beaucoup de regards convergèrent vers le trio. Les hommes se donnaient des petits coups de coude et leur femme eurent quelques difficultés à reporter leur attention ailleurs. Mathilde vint les rejoindre, toute de cuir vêtue. Le quatuor traversa la pièce pour atteindre le buffet. Elodie et Sophie faillirent ne jamais y arriver, happées par des mains plutôt fureteuses et conquérantes.
-Là, je crois qu'on a fait très fort, la soirée risque d'être assez animée, autant qu'épuisante.
Elodie se rajustait tant bien que mal, ses bandeaux ayant été quelque peu malmenés. Elle allait devoir y passer la soirée car déjà un homme se collait contre elle par derrière et lui malaxait les seins.
-Permettez que je boive un verre, c'est la première urgence.
Elle tendit la main vers le buffet et saisit une coupe. L'homme ne l'avait pas lâché pour autant, et pour cause. La petite garce lui massait consciencieusement le sexe à travers son pantalon. C'est ce qu'on appelle partir au sprint, encore faut-il tenir la distance. Sophie quant à elle était déjà entre deux hommes qui se battaient leur territoire. Il dût s'établir un consensus car l'un prit le haut et l'autre le bas. Leur compagne respective les retrouvèrent et la bande des cinq s'éloigna pour trouver un coin plus tranquille. Elodie était toujours accrochée à son admirateur. Elle en était à sa deuxième coupe quand le bandeau supérieur glissa jusqu'à sa taille. Elle gloussa, se cambra pour offrir sa gorge aux baisers. Miel ne put en voir d'avantage car elle-même fut accrochée par un beau brun au regard profond. Sans gêne aucune, il l'attira contre lui et voulu l'embrasser.
-Allons, Monsieur, nous n'avons même pas été présentés.
Cette remarque amusa le garçon qui s'inclina.
-Comte Paolo, d'une vague famille noble espagnole. Il ne reste de la noblesse qu'un château, quelques hectares de terre et une montagne de dettes.
-Appelez-moi, Miel, modeste servante pour cette superbe fête.

-Miel, vous me mettez l'eau à la bouche. En fait, comme je vois que vous êtes de la maison, j'aimerais que vous me conseilliez.
Elle vit que l'homme était un peu gêné.
-Que désirez-vous ?
-Hé bien voilà, ce soir, je chercherais plutôt une compagnie masculine, vous comprenez ?
Miel éclata de rire. Pour une première touche, elle avait gagné le gros lot.
-Excusez-moi, c'est de moi que je ris. Laissez-moi réfléchir. Je crois avoir le plan qu'il vous faut. Cet après-midi, j'ai accompagné deux hommes qui ont l'air d'être ensemble. Je pense qu'il serait intéressant de les rencontrer. En attendant que je leur mette la main dessus, courtisez-moi un peu. J'aime ça et je ne voudrais pas être enlevée aussi vite que mes deux amies.
-Je serai votre protecteur, faites-moi confiance.
-Avec vous, je ne risque rien.
-Détrompez-vous, j'aime aussi les femmes et vous me tentez beaucoup. Je suis un homme complet en quelque sorte.
Et le galant lui déposa un léger baiser dans le cou. Miel était charmée de cette rencontre toute en délicatesse. Cela contrastait étonnamment avec sa dernière expérience matinale. Soudain un sourd murmure se propagea dans toute la salle. Les conversations cessèrent et tous les regards se braquèrent dans la même direction. Le maître et sa compagne venaient de faire leur entrée. Miel se glissa dans la foule en tirant son compagnon. Elle voulait être aux premières loges. Le tableau qu'elle découvrit la déprima. La douche froide…
Armand, dans sa djellaba paraissait immense et dominer le monde. Ses yeux brillaient d'une joie infinie. Mais le plus dur, c'était Sara. Un fourreau de satin rouge vermillon, fendu de chaque côté jusqu'en haut des cuisses lui moulait le corps à la perfection. Un décolleté très sage mettait en valeur ses deux petits seins ronds et parfaitement galbés. Un petit sourire sur les lèvres, des yeux pleins de bienveillance, le front dégagé. Ses cheveux étaient juste tirés en arrière et retenus par un cordon noir. Tout était grâce et simplicité. La beauté sans sophistication. Mais ce qui acheva Miel fut de découvrir que Sara avait mis également des chaînes. Sur elle, ce n'était plus des accessoires, mais de véritables bijoux. Elle s'avança au bras du maître. Sa démarche chaloupée mettait en valeur ses courbes parfaites.
Miel en était malade, la fête avait trouvé sa reine et ce n'était pas elle. Toute l'assemblée semblait suffoquer, retenir son souffle. Et d'un coup, comme pour se soulager, ce fut un tonnerre d'applaudissements. Sara resta imperturbable. Elle leva les yeux vers Armand pour lui signifier que l'ovation lui était destinée. Il leva la main :
-Merci mes amis, je ne m'attendais pas un tel accueil. Je ne ferai pas de grands discours, je déteste ça. Certains connaissent la maison, d'autres la découvrent. Je souhaite à tous de passer une excellente soirée. Si vous avez besoin de quoi que ce soit, n'hésitez pas à le demander à vos hôtes et hôtesses. Ils sont facilement reconnaissables.
Un petit rire parcourut l'assemblée.
-Et maintenant, que la fête continue, j'ai très soif.
Ils furent encore applaudis tandis qu'ils traversaient la salle pour atteindre le buffet. La foule se fendait devant eux et une allée s'ouvrit jusqu'au buffet.

-Qu'y-a-t-il, vous êtes toute pâle.
Le comte venait de prendre Miel par le bras et la soutenait.
-Non, ce n'est rien, juste un peu de fatigue. Allons nous asseoir. Après je vous trouverai le couple dont je vous ai parlé.
Miel trouva en fin de compte cette soirée bien ennuyeuse. Toute son excitation était retombée. Elle se sentait fade, terne, gourde, tout quoi ! Elle regardait les autres rire et s'amuser et n'arrivait pas à s'arracher de sa torpeur. Le comte l'avait abandonnée. Il avait trouvé ce qu'il cherchait, sans son aide d'ailleurs. Et comme dit la chanson : les femmes qui font la gueule, les hommes n'en veulent pas. Elle allait passer sa soirée dans ce fauteuil et puis voilà. Point barre.
-Vous voilà bien esseulée. Toujours perdue dans vos pensées ?
Elle reconnut la voix qui venait de derrière. Elle ne se retourna pas, ne répondit rien. Armand la prit par la main et l'arracha de son fauteuil.
-Je crois qu'un petit remontant ne vous fera pas de mal. Suivez-moi.
Il la tira plus qu'elle ne le suivit.
-Etat de dépression passagère, un seul remède : le champagne.
Il lui tendit une coupe, elle la vida d'un trait.
-Ah non, pas comme ça. Le champagne se déguste, il ne se boit pas. Allez, on recommence.
-Oui docteur.
Elle prit la deuxième coupe et la porta à ses lèvres. Elle sourit à son sauveteur. C'est vrai qu'elle commençait à se sentir mieux. Elle but calmement son verre, sans chercher à entamer une conversation qui de toute façon aurait été futile. Elle reposa enfin son verre. Elle se sentait déjà beaucoup mieux.
-Vous avez bien meilleure mine. La prescription préconise une troisième prise.
-Vous voulez me soûler ?
-Surtout pas, Seulement vous redonner un peu de tonus, allez, prenez.
Elle obtempéra sans se faire prier.
-Alors puisqu'on en est là, dites moi pourquoi je n'ai pas pu choisir moi-même ma robe.
Tout en parlant, elle se rendit compte qu'elle avait du mal à articuler. Tant pis.
-Elle ne vous plait pas ?
-Si ! Mais là n'est pas la question.
-C'est exact. Sara a dessiné elle-même cette robe.
Exaspérée Miel le coupa :
-Cà je le sais, et je m'en fiche.
-Attendez, je n'ai pas fini. Elle vous l'a confiée pour que je joue. Et croyez bien qu'elle vous accorde par là une grande marque de confiance.
-Inutile de dire que je ne comprends rien, comme d'habitude, cela ne change pas. Vous jouez, mais à quoi ? Avec moi, de moi ?
-Avec vous si vous le voulez, de vous si vous l'acceptez.
-Encore une énigme. Décidément, Monsieur, vous êtes un sphinx. Et c'est quoi ce jeu ? Je m'attends au pire avec vous.
-Ce n'est pas très gentil. Vous ai-je jamais fait du mal ?

-Je me comprends, c'est l'essentiel. Alors, ce jeu ?
-Comment s'appelle votre robe ?
Miel comprenait de moins en moins. On passait du coq à l'âne, du palefrenier au comte. En fait elle essayait de se rappeler, mais ce maudit champagne l'entraînait ailleurs. Elle se concentra. Ah oui !
-Pâquerette ! Non, marguerite, voilà, c'est ça, marguerite. C'est joli comme nom, non ?
Un peu cacophonique tout ça, mais bon, elle avait répondu juste, du moins elle l'espérait.
-Et que fait-on d'une marguerite ?
Alors là, ça commençait à devenir plutôt intello. Et elle ne se sentait plus trop en état.
-Hé bien, on la cueille, on en fait un bouquet. On le sent, on le met en pot et on l'oublie. Voilà ce qu'elle devient la marguerite, toute seule avec les autres dans son pot. Fais la belle et crève ma poule !
Cette fois le champagne avait bien fait son effet. A ce train-là, elle allait dégouliner la petite Miel. Le maître la regardait patiemment, comme à son habitude. Mais cette fois cela l'exaspéra. Elle détourna les yeux à la recherche d'une autre coupe. Armand saisit sa chaîne pour lui empêcher tout mouvement. Il la scrutait intensément. Miel rassembla ses esprits un peu partis en goguette. Et puis ce fut l'éclair.
-Je sais, on l'effeuille. Attendez. J'y suis : un peu, beaucoup, à la folie… Après je ne sais plus trop. Et alors, c'est ça le jeu ? Un peu gamin, non ?
-Alors on commence ?
-On commence quoi ? Oh et puis allez-y, jouez, jouons !
Il l'enlaça autour de la taille et d'un coup sec lui arracha le pan arrière de sa robe.
-Premier pétale : un peu.
Miel commençait à réaliser ce qui lui arrivait. Armand lui présenta le pétale manquant et le jeta dans les airs. Miel s'accrocha à son cou, cette fois complètement dégrisée. Elle articula lentement histoire de poser un pied dans la réalité.
-Maître, juste entre nous, confidentiellement. Ne me dites pas qu'actuellement j'ai le cul à l'air.
-Il me semble que si… Un problème ?
-Léger, léger. Mais laissez-moi trente secondes le temps de réaliser et d'assumer.
Il lui laissa une bonne minute, puis sans un mot l'entraîna sur la piste de danse. Une valse endiablée. Miel se laissa porter. Cette fois, c'était la musique et le mouvement qui l'enivrait. Armand posait une main sur ses fesses dénudées et la faisait tournoyer. Autour d'eux les danseurs s'arrêtèrent et frappèrent des mains en cadence. La robe de Miel virevoltait offrant un spectacle inoubliable. Elle, attachée à son cavalier se sentait revivre à chaque tour. Elle ne dansait pas, elle planait. La musique cessa mais les battements de mains continuèrent, alors l'orchestre reprit de plus belle. Exténuée, Miel se fondait dans son partenaire. C'était donc ça, l'extase. Elle aurait voulu que jamais cet instant ne s'arrête. Elle sentait la main se glisser dans son sillon et la maintenir fermement. Elle discernait vaguement la foule qui les entourait. Là, elle était reine. Reine au cul nu, d'accord, mais reine. Enfin Armand ralentit le rythme et s'arrêta. Les applaudissements fusèrent et la fête prit un autre tournant. Armand se baissa devant sa cavalière et d'un coup sec lui arracha le pétale de devant.

-Beaucoup, hurla-t-il !
Il enlaça Miel par derrière et la berça. Devant un tel spectacle les convives ne se sentaient plus. L'excitation était à son comble, Miel offrait son ventre délicieux. Elle vit une silhouette qui se jeta sur elle. C'était Elodie :
-Je t'aime Chérie, si tu savais comme je t'aime !
Cette apparition décupla l'enthousiasme et le trio fut pris par une marée humaine. Armand usa de subtilité et d'un peu d'autorité pour les dégager. Le feu était mis, il se répandit et mettrait du temps à s'éteindre. Elodie fut happée dans cette fuite. Elle fut même portée à bouts de bras. Nul ne sut ce qui advint d'elle ensuite. Miel se retrouva dans un fauteuil, vautrée sur les genoux de son maître. Il lui caressait tendrement la chatte. Elle ouvrit un peu plus les cuisses. Alors, elle vit un homme s'agenouiller à ses pieds et venir la lécher, boire à sa source. Elle se cambra pour mieux s'offrir. Elle était plus que reine, elle devenait prêtresse. Le premier laissa la place au second. Miel s'ouvrit encore, et elle le sentait, sa source ne tarissait pas. Ils défilèrent ainsi, des hommes, des femmes, Mathilde et Sophie aussi, comme si elle les ressourçait. Miel gémissait, dans un état de semi-conscience. Toujours enlacée par son maître, elle se sentit délicatement dépoitraillée, les seins offerts. Ils furent tétés, mordillés, caressés, mais jamais malmenés. Elle en jouit encore et encore. Seule sa bouche avait été épargnée. Enfin la marée se retira. Ils ne vinrent pas tous heureusement. Mais beaucoup s'étaient prosternés devant cette offrande. Elle distingua le comte, parmi les derniers et elle eut avec lui son ultime orgasme. Il avait su trouver d'instinct son point sensible. Un homme complet effectivement.
Combien de temps cela avait-il duré ? Nul ne le saurait jamais. Rassemblant ses forces, Miel se releva. Elle aperçut Sara plus loin qui lui souriait.
Miel comprit enfin à qui elle devait son triomphe.

Chapitre 12

-Champagne ?
Miel acquiesça de la tête mais n'eut pas la force de répondre. Elle se retourna simplement un peu et se lova sans pudeur contre son maître. Il claqua des doigts et deux coupes apparurent comme par enchantement. Miel en saisit une et la porta à ses lèvres. Elle n'en prit que quelques gouttes, juste pour sentir descendre en elle le nectar des dieux. Elle se retourna ensuite vers Armand et sans demander son consentement unit ses lèvres aux siennes. Ce fut un long baiser, sans passion, juste de l'apaisement. Elle resta ainsi, dégustant son verre.
-Vous allez jouir de moi, Mon maître ?
-N'en avez-vous pas assez ? Et qu'est-ce qui vous fait dire que je vous désire ?
Elle gloussa et se trémoussa :
-Mais parce que je le sens.
-Cela ne suffit pas, apparemment. Vous avez encore à découvrir par vous-même.
Elle fit une charmante moue de déconvenue. Elle poussa un profond soupir et se redressa enfin. Elle rajusta sa tenue comme elle le pouvait et se retourna vers Armand.
-Cette fois, j'ai compris, enfin un peu. Je pars à la découverte puisqu'il le faut. Je vous plais ?
Il la prit par les hanches et lui déposa un baiser sur le ventre.
-Cette réponse me suffira. Merci Maître.
Elle se leva et se noya dans la foule. L'orchestre jouait encore, mais la piste était quasiment vide. La salle s'était transformée en une véritable orgie. Non, rien de vulgaire mais elle en était responsable.
« Liberté, responsabilité, ces mots résonnaient enfin. »
Des couples, des trios et plus encore s'étaient formés et puis. Oui quoi ! Ils forniquaient en toute impudeur. Miel se mêla aux uns et aux autres. Tous l'accueillaient avec déférence. Elle offrait son ventre, sa bouche, ses cuisses à de furtives caresses. Elle ne donnait rien, elle s'offrait un bref instant puis s'éclipsait. Elle était le chef d'orchestre de cette symphonie bacchanale. Elle retrouva Elodie, prise par deux hommes et une femme. Elle lui passa une main dans les cheveux et l'embrassa sur le front. Sophie avait perdu sa robe et ne s'en souciait guère. Son compagnon la soutenait alors qu'un couple s'affairait plus bas. Entre deux gémissements, elle lui déposa un léger baiser sur les lèvres. Mathilde fut plus difficile à retrouver. Cinq hommes étaient sur elle. Elle ne portait plus ses chaînes. Deux hommes la flagellaient, son dos déjà ensanglanté. Elle suçait une queue, les yeux exorbités. Par en bas, deux fauves l'empalaient. Miel saisit les chaînes. Confisquées. Elle les remit à son compagnon prostré sur un canapé. Elle parcourut ainsi tous les groupes et croisa même le comte, bien occupé. Ils échangèrent un bref sourire. Ici, elle n'avait rien à faire si ce n'est un chaste baiser sur les lèvres du bel ombrageux.
Elle se dirigea vers le buffet presque désert. Elle prit une coupe. Un homme vint l'embrasser dans le cou, un autre se prosterna pour lui baiser le ventre. Elle ne refusait rien mais n'avait plus rien à donner non plus. Elle se sentait lasse, son rôle étant accompli.
Elle se dirigea vers l'alcôve, pour s'offrir un moment de détente. Les rideaux étaient fermés, peu lui importait. Elle les écarta et découvrit le maître et Sara enlacés. Elle les referma

prestement et s'éloigna. Elle s'arrêta portant. « Découvrir par moi-même. » Et pourquoi pas ? Elle se retourna lentement et entrouvrit la tenture. Elle se remplit du spectacle qui lui était offert. Sara les cuisses écartées, troussée jusqu'à la taille agitait son petit cul. Sa petite chatte brune était colonisée par une main agressive, avide de découverte. Armand lui avait dégagé un sein et la tétait. La belle eurasienne geignait comme un bébé. Sans plus réfléchir Miel se glissa furtivement dans l'alcôve et rampa jusqu'à la couche. Elle dégrafa prestement le pantalon de son maître et en dégagea son membre. Elle l'emboucha aussitôt. Armand sursauta :

-Mais qu'est-ce qui… ?

Sara lui prit tendrement la joue et lui répondit :

-Miel n'est pas en mesure de vous répondre, mais je crois qu'elle est en train de prendre sa vie à pleines mains.

La brunette se libéra de son étreinte et glissa le long du torse de son amant. Elle bondit sur son bas-ventre pour disputer à la blonde le butin usurpé. Deux bouches se disputaient le membre en érection. La lutte fut farouche, aucune ne voulant lâcher prise. Il dût se passer quelque chose, une sorte d'accord tacite, car Miel tendit le phallus bandé dans la bouche de Sara. Celle-ci l'engloutit tandis que l'autre descendait plus bas. Elle prit possession des bourses de son maître et les aspira. Armand s'était assis et regardait ses deux fauves défendre leur conquête.

Il avait redouté le pire, mais maintenant il jouissait et du spectacle de ses deux femelles déchaînées et des sensations qui remontait jusqu'à son cerveau. Les deux garces accordaient leur rythme. Elles se retrouvèrent le long de sa hampe et unirent leurs lèvres. Elles se bouffèrent l'une l'autre, jouant une symphonie à quatre mains sur son sexe. Elles se réunirent sur lui, une suçant, l'autre mordant son pal. Puis les deux langues se mirent d'accord pour enrober son gland. Armand saisit les hanches de Sara et lui claqua les fesses. Cela ne fit qu'augmenter sa frénésie. Alors il lui planta deux doigts dans le ventre et deux autres par derrière. La petite eurasienne se cambra et abandonna le terrain. Bref répit. Elle se planta encore plus sur la main qui la fouillait et replongea dans la mêlée. Les deux chevelures s'entremêlaient et Armand ne savait plus trop qui était où et faisait quoi. La bouche de Miel était lascive et moelleuse, celle de Sara vive et nerveuse. Quant aux mains, là, il s'y perdait. Il écarta les cuisses de sa brune et y enfouit la tête. Il mordit sa chatte à pleines dents. Elle lui répondit de la même manière. Alors il lui téta le clitoris, goulûment. Ses doigts la fouillaient toujours, et Sara lui répondit en l'inondant de son jus. Elle reprit possession de son sexe et il sut qu'il allait exploser. Elle prit la première giclée tout en jouissant. Miel profita de cette faiblesse pour lui ravir la queue qu'elle avalait et se l'appropria. Il était temps, elle reçut le dernier jet qu'elle déglutit avec avidité. Tout redevint plus calme, mais rien n'était fini. Les deux femmes continuaient à téter. Le sexe passait d'une bouche à l'autre recueillant les dernières gouttes de sa semence. Puis les deux félines glissèrent l'une contre l'autre et s'embrassèrent, l'une échangeant ainsi la récolte de l'autre. Armand se dit qu'elles allaient s'aimer maintenant et se donner du plaisir. Il les saisit toutes les deux par leur collier et les tira à lui.

-Mesdames, c'est entendu. Cette nuit je vous honore toutes les deux. En attendant vous allez vous occuper de nos invités. Et surtout, laissez-moi récupérer.
Il les lâcha. Alors les deux femelles se couchèrent sur son torse et s'offrirent un profond baiser.
C'est un couple nouveau qui sortit de l'alcôve. Les deux femmes serrées l'une contre l'autre allaient encourager les quelques invités qui étaient encore en course. Elles flattaient des fesses, les claquaient parfois. Elles réunissaient les paresseux, guidaient les bouches puis le tour étant fait, elles montèrent dans les appartements privés. Le maître avait une promesse à tenir.
L'avenir prouva qu'il la tint.

Chapitre 13

Il les aima, elles l'aimèrent et s'aimèrent aussi.
Vous aimeriez savoir ce qui s'est passé exactement cette nuit-là. Difficile à décrire. Contentez-vous de savoir que ce fut l'enfer et l'éden réunis, les dieux et les démons réconciliés dans une furieuse communion des corps et des esprits. C'est un peu court bien sûr, mais comment décrire un tel déluge sans l'amoindrir ?
La pièce gardait les stigmates du cyclone qui était passé : Vêtements épars, objets renversés, draps en boule. Sûr que le lit s'en souviendrait. C'est la fatigue qui vint à bout de leurs forces, non l'absence de désir. Miel dormait à plat ventre. Sa bouche tétait encore un sein de Sara et elle l'enlaçait, une main langoureuse posée sur ses fesses. De l'autre, elle tenait le sexe toujours bandé de son maître. Celui-ci avait bien mérité ce titre, car il lui avait fallu lutter âprement pour maîtriser les deux furies et en venir à bout. Heureusement les colliers et les chaînes s'étaient avérés fort utiles et efficaces. Bien sûr il n'avait pu éviter quelques griffures et morsures. Quelques gouttes de sang perlaient dans son dos et sur ses cuisses. Dans l'ensemble, il s'en sortait plutôt bien. C'est lui qui bougea le premier. Dans son champ de vision, la main enserrant son pal et le cul rebondi de la belle blonde. L'association était vite faite. Il se tourna et commença à pétrir les blanches fesses. Miel bougea un peu et revint à elle.
-Je n'ai pas encore honoré votre cul, Madame.
-Il ne l'a jamais été, il vous faudra le déflorer, Monsieur.
Sur ces paroles, elle glissa sur le ventre de son homme et emboucha son sexe. Longues sucions paresseuses du matin, petite mise en bouche ensommeillée. Sara sentit le mouvement. Elle ouvrit un œil et sourit. La journée commençait bien. Elle laissa faire sa compagne, n'ayant pas la force de lui voler sa prise. Elle embrassa longuement Armand et posant la tête sur son torse, elle jouit du spectacle.
-Préparez-lui son cul, je vais la déflorer par derrière.
Sara tendit la main et descendit le long du sillon fessier de la suceuse. Elle ausculta rapidement l'orifice convoité. Il lui parut bien serré. Sec bien sûr. Elle descendit jusqu'au ventre et y trempa ses doigts. Elle remonta jusqu'à l'anus. A force de va-et-vient, elle humecta tout le sillon de Miel. Cette dernière ne se préoccupait pas trop de ce qui se passait derrière, elle léchait, tétait, aspirait. Sara écarta ses cuisses et vint y prélever sa propre sève. Elle l'étala sur le cul offert qu'elle pénétra de deux doigts. Miel se raidit :
-Çà fait mal.
Sara lui flatta les fesses pour la réconforter et la fouilla lentement. Miel réagit encore cherchant instinctivement à se dégager. La douleur ne faisait pas partie de son programme. Elle ne désirait que douceur et volupté.
-Vous êtes étroite ma chérie, je vais vous mettre du lubrifiant, c'est mieux la première fois. Mais je crains que ce ne soit pas une partie de plaisir.
Elle se saisit d'un onguent et enduit l'orifice, profondément même. Malgré ce soin, Miel se rétractait. Non, elle ne voulait pas de cette intrusion. Elle le ferait uniquement pour contenter

le maître mais elle se maudit de se rendre si docilement. Sara prit le sexe d'Armand et l'enduit également.
-Mets-toi à plat ventre, Chérie, le maître va te prendre. Écarte les fesses.
Elle obtempéra sans enthousiasme. Son petit trou palpitait d'inquiétude. Le mâle s'allongea sur elle. Il souleva son bassin et Sara saisit son sexe pour le guider. Le gland touchait l'orifice qui se refusait toujours.
-Détends-toi, Chérie.
La voix de Sara apaisa Miel qui se décrispa un peu. Quelle déception ! Une nuit de rêve qui allait s'achever par un cauchemar. Fallait-il souffrir pour combler tous les fantasmes de son mâle ? Armand ne bougeait pas. Il restait suspendu au dessus d'elle. Pour tenter de l'apprivoiser, Sara faisait jouer le sexe autour du petit trou qui se rétractait. Puis lentement Armand descendit, l'orifice céda sans se rendre totalement.
-Doucement, par pitié, doucement, j'ai mal !
Avec d'infinies précautions Armand s'introduisait un peu plus, toujours maintenu par Sara qui maîtrisait la manœuvre.
-Doucement, là, oui, ça va mieux.
Et c'est vrai qu'elle sentait une nouvelle chaleur l'envahir. Rien à voir avec ce qu'elle connaissait déjà. Une invasion nouvelle est inattendue. Laborieusement, le pieu gagnait du terrain. Miel se tenait immobile, passive mais attentive. Subir et apprendre à subir, sans protester. Devait-elle s'y résoudre ? Satisfaire les besoins les plus vils, voilà à quoi elle se trouvait réduite. Tout en elle refusait. Où était le jeu ? Elle n'était qu'un jouet, un godemichet. Adieu les rêves et les beaux discours du maître. Bonjour la réalité ! Fais la pute et tais-toi. Disparues les illusions d'absolu, évaporée la plénitude. Miel ma petite…
C'est à ce moment qu'Armand s'enfonça d'un coup, jusqu'à la garde. Miel hurla, ou plutôt elle feula, le souffle court. Elle faillit se débattre pour s'échapper, mais se retint, soumise, résignée, dominée. A quoi bon lutter ? Elle était empalée, écartelée. Au creux de son ventre, mélange de douleur et de plaisir. Elle ne savait qui l'emportait l'un de l'autre. Du plaisir ?
-Attendez, ne bougez pas, s'il vous plaît, attendez, je vous en prie.
Elle voulait apprivoiser cette nouvelle sensation, cette nouvelle présence. Peu à peu la douleur s'estompa, elle garda juste cette sensation d'invasion. Armand se mit à osciller légèrement. Ils basculèrent sur le côté et très lentement il entreprit d'amples va-et-vient.
-Oh oui, c'est bon, j'aime, encore mon maître, lentement, oui comme ça, plus lentement encore, oui, là c'est bien. Doucement, encore.
Sara au dessus d'eux réglait le rythme, une main sur la hanche de Miel l'autre sur les fesses d'Armand. Elle accéléra un peu la cadence. Miel se mit à souffler comme pour reprendre haleine. La sensation de chaleur commençait à totalement l'envahir. Armand se laissait guider par Sara, confiant de son savoir faire. Miel commença à gémir, mais cette fois cela n'avait rien à voir avec de la souffrance. Un nouveau plaisir montait en elle, rien de comparable avec ce qu'elle connaissait jusqu'alors. Elle mit deux doigts dans son ventre. Elle sentit à travers la mince paroi la queue qui la possédait. Elle aurait voulu la branler en même temps mais n'en avait pas la force. Elle ressortit et vint se poser sur son bouton. Non, pas cette fois, elle voulait savoir jusqu'où elle pouvait monter sans avoir à se caresser. Et toujours plus haut, encore plus

haut. Elle ne se sentait presque plus la queue dans son va-et-vient. Son cul était en feu et le feu se propageait rapidement. Sara alors hurla :
-Allez-y, maintenant, défoncez-la, elle est prête.
« Non, pas encore, pensa Miel ». Mais bien sûr nul ne l'entendit.
Il la prit d'une main autoritaire par la hanche, et c'est vrai qu'il la défonça, il la pilonna même. Une douleur fulgurante déchira Miel, lui transperça le ventre de part en part, elle en eut le souffle coupé, l'air lui manquait. Et aussi rapidement qu'elle était apparue la douleur reflua, balayée par une vague inexorable de ravissement. Submergée de sensations antagonistes, elle s'agrippa d'instinct au matelas. Un son rauque sortit de sa gorge, puis un deuxième, elle ne pouvait cesser d'émettre ces râles de bête. Elle sentit que son mâle allait éclater. « Non, pas tout de suite, et puis si, maintenant ! »
Elle cambra encore plus sa croupe pour qu'il s'y enfonce plus profondément. Il lui tirait les cheveux en arrière, violemment. La tête renversée, le corps de Miel n'était qu'un arc bandé. Tout n'était que tension en elle. Même ses pieds cherchaient vainement un appui pour augmenter la pression. Elle n'était plus qu'un cul, un cul qui en demandait encore plus et pourtant implorait pitié.
Quand il se répandit cela fit comme une décharge électrique qui sonna la belle enculée. Elle poussa un hurlement aigu et ses yeux s'inondèrent de larmes. Elle libéra d'un coup toute la tension accumulée, un vrai raz de marée qui la submergea autant de sensations que d'émotions. Elle pleura en hoquetant un peu. Elle s'épancha, vida dans ses larmes son trop-plein d'exaltation et le temps eut la courtoisie de suspendre son cours.
Son maître ne la lâcha pas. Il lui tenait toujours la tête en arrière à lui briser les vertèbres Elle pointait encore plus sa croupe pour ne pas le laisser s'échapper. Il la libéra enfin, terrassé lui aussi par l'effort. Elle tenta de le retenir.
-Non, restez. Encore un peu !
-Mais je n'y suis plus.
-Et pourtant, je vous sens encore.
-En tous cas, je crois que vous voilà déflorée.
-J'en suis presque certaine. Presque… Il faudra confirmer, mais pas tout de suite, non, pas tout de suite...
Elle demeura inerte, sans vie apparente. Elle sentit une petite langue venir apaiser son orifice meurtri. Elle eut la force de poser sa main sur sa fesse et de l'écarter. Un grand apaisement la gagnait, le calme après la tempête.
Armand s'arracha péniblement du lit. Sara prit immédiatement sa place et se lova contre le corps de sa compagne. Elles n'en avaient pas fini, mais cela ne le concernait plus. Il prit rapidement une douche, changea de costume, celui de la veille étant complètement détruit. Il jeta un œil sur les deux belles alanguies. Il préféra sortir.
Lui aussi avait besoin d'oxygène. Toutes ses articulations étaient douloureuses. Il se retrouva dans le parc. Un serviteur lui apporta un café et un cigare. Sous la pinède une foule éparse s'égaillait. Un pique-nique s'improvisait. La journée commençait et il fallait s'attendre à d'autres surprises encore. Elodie s'approcha de lui et se laissa tomber sur ses genoux. Elle

l'enlaça. Jamais elle ne s'était permis une telle familiarité. Il faut dire qu'elle paraissait particulièrement éméchée. Régis son compagnon se précipita et voulut libérer Armand.
-Pardon Monsieur.
-Ce n'est rien. Au contraire, comme accueil matinal, il n'y a pas mieux. Laissez la moi un peu. Comment s'est passée la fin de soirée et faites moi rapidement le point. Où en sommes-nous ?
-La soirée ? Plutôt animée, il fait dire que… Enfin vous voyez ce que je veux dire…
Armand ne voyait rien du tout mais fit celui qui comprenait. Il était bien trop occupé à explorer la poitrine qu'Elodie lui offrait tandis qu'elle lui massait l'entre-jambe. Régis poursuivit :
-Beaucoup d'invités devaient partir en fin de soirée, mais ils sont toujours là.ils n'ont pas dormi. Le service a bien assuré. Tout le monde va manger. Il ne reste plus qu'à préparer la soirée.
Armand revint sur terre. Quelle idée d'organiser une fête sur deux jours. Enfin, il ne pouvait pas prévoir que cela prendrait cette tournure.
-Bien, il faudrait envisager une petite réunion pour faire un point sur l'état des troupes.
Il jeta un œil sur Elodie affalée sur lui. Elle souriait béatement tout en se pourléchant les lèvres. Armand devina ses desseins, la main de la petite garce se faisant de plus en plus précise. Il la troussa pour vérifier son état d'excitation. Sans aucune pudeur, elle écarta les cuisses et poussa un petit hoquet quand deux doigts la pénétrèrent. Elle les arrosa donnant ainsi son accord à d'autres propositions plus engagées. Agrippé au coude son maître, elle se mit à ronronner comme une petite chatte en chaleur et donnait des petits coups de rein.
-Seize heures, rendez-vous sous la pergola. Faites passer le mot et allez coucher Elodie. J'aimerais la voir plus fraîche ce soir.
Armand lui claqua les fesses. Régis la souleva, elle protesta pour la forme et se laissa traîner.
Dans l'après-midi, Armand passa dans ses appartements. Nulle âme qui vive. Il s'allongea et s'accorda un peu de repos. Perdu dans ses pensées, il s'endormit.
Il se réveilla en sursaut et regarda l'heure. Il était en retard. Il se précipita dehors et atteint la pergola. Il n'y avait pas grand-monde et les mines étaient brouillées.
-Faisons le point pour ce soir. Beaucoup d'absents ?
- Pratiquement pas, ceux qui ne sont pas là ont préféré se reposer. L'effectif sera pratiquement au complet ce soir.
-Bravo, je n'en espérais pas tant. Je vous félicite pour la soirée d'hier, vous avez été parfaits. Des problèmes en vue pour ce soir ?
Elodie s'avança. Elle semblait avoir récupéré :
-J'ai perdu mon haut cette nuit, certainement un fétichiste. En fait, je m'en fiche, mais cela m'a donné une idée. Pour les femmes dont la tenue s'y prête, ne pourrions-nous pas être topless ?
Armand trouva la suggestion intéressante, elle fut mise aux voix et une large majorité se dégagea.
-Alors c'est d'accord. Ce n'est pas une obligation bien sûr. Dommage pour les femmes qui ont choisi une robe. Autre chose ?

Apparemment rien, alors il les congédia en leur recommandant de se détendre.

Chapitre 14

Il y eut deux ovations ce soir-là. La première quand une dizaine d'hôtesses firent leur entrée simplement vêtues de leur jupe et de leurs chaînes L'orchestre entama une marche et elles paradèrent dans l'assistance pour finir enfin au buffet. Tournées vers leur public, les naïades levèrent leur flûte et d'un trait burent leur champagne. Elles envoyèrent ensuite leur verre par-dessus l'épaule et les pauvres allèrent se fracasser contre le mur. Elles partirent toutes en courant et se noyèrent dans la foule. La seconde quand Sara et Miel apparurent, bras dessus bras dessous. Les deux espiègles avaient passé la même tenue. Un fourreau très classique laissant les épaules nues, et qui leur moulait le reste du corps. Le bas très échancré montrait le galbe parfait de leurs jambes jusqu'au haut des cuisses. Seule distinction, la robe de Miel était d'un blanc immaculée, celle de Sara d'un noir profond. Leurs chaînes étincelaient à la lumière. Armand vint à leur rencontre pour les féliciter.

L'ambiance était plus calme que celle de la veille, plus intime aussi. Les invités avaient appris à se connaître et formaient des petits groupes. Armand était très occupé à renseigner les nouveaux arrivants qui tenaient à en savoir plus sur la vie au manoir. Miel fut très sollicitée aussi. Mais c'était plutôt les femmes qui venaient vers elle et posaient une quantité de questions incroyables. Elle fit de son mieux pour répondre, improvisant parfois car elle était loin d'avoir toutes les réponses. Ce qui revenait souvent, c'était de connaître les règles en vigueur dans ce lieu. A certaines de ses répliques, elle vit des femmes pâlir, d'autres au contraire rougir d'excitation. Certaines touchaient ces chaînes et on voyait bien qu'elles auraient aimé les passer, juste pour voir. Parfois, c'est un couple qui l'abordait, toujours avec le même souci d'en savoir plus. Tout le monde était surpris de savoir qu'elle n'était là que depuis quelques jours et seulement de passage. Il se dégageait d'elle une sensualité sans provocation, un air naturel de liberté, une sérénité certaine. Miel ne percevait pas tellement les changements qui s'étaient opérés en elle. Elle se sentait cependant si différente de ces femmes qui l'abordaient. Elle devait être ainsi naguère, mais si on lui avait demandé ce qui avait changé en elle, elle aurait été incapable de le formuler.

En fin de soirée. Armand la prit par la main et l'entraîna sur la piste de danse. On jouait une valse.

-Je vous ai cherché cet-après-midi. En vain.

-Nous étions très occupées, répondit elle en souriant.

-Je n'en doute pas, mais votre mari a appelé. Il s'étonne de ne pas avoir de nouvelles et voudrait que vous rentriez.

S'il lui avait donné un coup de poing dans l'estomac, l'effet n'aurait pas été pire. Elle s'arrêta de tourner et levait des yeux implorants sur Armand.

-Appelez-le demain, c'est indispensable, reprit-il.

Miel mit un temps à réaliser. Elle lâcha son cavalier et resta là, plantée devant lui. Une immense sensation de solitude ainsi qu'un froid glacial l'envahirent. Elle baissa enfin les yeux, tourna sur elle-même à la recherche d'on ne sait quoi, d'un soutien, d'un appui peut-être. Elle ne trouva rien. Alors, lentement, elle se dirigea vers la sortie et disparut.

La fête était finie, pour elle tout au moins…

Peu après, un passant aurait pu découvrir, sur la rive de l'étang, un fourreau qui faisait tache sous la lune. Il aurait pu voir aussi une silhouette allongée dans l'eau, inerte. Ce qu'il n'aurait pas pu discerner, c'est les larmes qui coulaient de deux yeux clairs et se venaient se mêler à l'eau qui ruisselait sur son visage.
Mais de passant, il n'y en eut point.
Une heure après Sara apostropha le maître :
-Miel n'est pas dans sa chambre, elle a disparu.
-Qu'on la recherche, dans le parc, discrètement.
Il fallut encore une heure pour la retrouver, trahie par sa robe qui trainait dans l'herbe. Miel était repliée sur elle-même à même les galets. Elodie la toucha :
-Elle est glacée !
Régis la prit dans ses bras et courut jusqu'au manoir. Elodie glana la robe au passage et le suivit. Arrivée dans le hall, Sara attendait. Elle prit les opérations en main :
-Dans sa chambre vite ! Une couverture, une infusion bouillante, faites couler un bain chaud. Allez dépêchez-vous !
Dans la baignoire Miel sortit de sa torpeur. Sara était auprès d'elle, elle avait fait évacuer tout le monde. Miel voulut parler, elle n'en eut pas la force.
-Ne dis rien Chérie, repose-toi.
Sara rajusta la température de l'eau qui refroidissait trop vite. Elle la laissa un long moment dans une étrange somnolence. Miel ne sentait plus son corps comme s'il s'était dissous dans l'eau de l'étang. Enfin Sara lui tendit la main et l'aida à se relever. Elle la sécha et la conduisit à son lit. Elle la borda, monta la couverture jusqu'au menton. Elle lui fit boire une infusion bouillante. Miel n'en pouvait plus, ses paupières pesaient des tonnes. Sara lui déposa un baiser sur les lèvres et éteignit la lumière.
-Sara, je n'ai pas voulu…
-Dors, Chérie.

Elle resta couchée toute la matinée. Eloïse lui apporta un sérieux petit déjeuner. Elle ne fit aucune réflexion. Pourtant une fois n'est pas coutume, sa voix était empreinte de douceur. Miel se sentait un peu cotonneuse, privée d'énergie. Qu'avait-elle fait la veille ? Les souvenirs revenaient, mais elle les percevait à travers un brouillard opaque. Elle revoyait l'étang, mais après, plus grand-chose. Elle se leva à midi, et descendit aux cuisines se restaurer. Son bip sonna en début d'après-midi. Elle fut orientée vers le petit salon. Elle frappa et entra. Le maître et Sara étaient assis à leur place. Miel connaissait la sienne, sur le vaste pouf.
-Asseyez-vous.
Elle choisit de s'agenouiller comme la première fois, tout simplement parce qu'elle était bien dans cette posture. Elle étala sa robe et posa les mains sur ses cuisses. Elle attendit.
-Comment vous sentez-vous Miel ?
-Beaucoup mieux, merci Monsieur.
C'est tout ce qui fut évoqué des événements de la veille. L'affaire était classée.

-Votre mari a encore appelé. Il vous attend demain ou après-demain au plus tard. Vous devriez le contacter.
-Oui, Monsieur, je le ferai tout à l'heure.
-Vous me donnerez la date de votre départ rapidement. Nous ferons une petite fête pour l'occasion.
Miel luttait pour retenir ses larmes. Elle ne voulait pas se donner en spectacle. Elle tenta de contrôler le tremblement de ses mains. Elle répondit d'une voix chevrotante :
-Je partirai après-demain, j'ai besoin de me reposer et de faire un peu le point. Quant à mon départ, il n'y a pas lieu de le fêter.
-C'est très bien. Merci.
Miel comprit que l'entretien était terminé. Elle fixa Sara. Cette dernière était figée, ses yeux semblaient l'appeler. Elle remua légèrement les lèvres comme pour dire quelque-chose. Elle se ravisa et baissa la tête. Miel se leva un peu précipitamment et sortit. Elle s'était tirée de l'épreuve comme elle avait pu. Elle descendit dans le parc faire le plein d'air frais. Après une longue promenade sous la canopée des feuillus elle remonta dans sa chambre et n'en ressortit que le lendemain matin.
Appeler Bernard ? Pourquoi faire, quoi dire ? Il y a des choses que ne se disent pas au téléphone, l'indicible…

Chapitre 15

Le lendemain s'étira doucement. Miel l'utilisa à visiter le parc : La roseraie, l'étang, les sous-bois. Elle retourna même aux écuries. Gilbert bouchonnait un cheval et fit mine de ne pas la voir. En fait, elle rôdait, s'imprégnant de l'atmosphère du domaine. Elle voulait graver en elle les moindres détails du domaine et pourtant elle n'en retenait rien. Tout ce décor lui devenait étranger, elle était en dehors. Un vague engourdissement l'avait gagnée. Étrangement, elle se sentait bien. Elle allait retourner à la vraie vie, ici tout n'était qu'illusion. Elle s'était offert une récréation. Et alors ? D'autres préfèrent le Club ou les randonnées en montagne. Les vacances étaient terminées, elle n'en ramènerait pas de photos. Les images, elle les portait en elle et dans peu de temps, elles s'effaceraient. La mémoire est ingrate. Elle se permit même de faire des projets : Shopping (toute une garde-robe à refaire), concert, théâtre, réceptions aux ambassades. Et puis recevoir nos relations, ordonnancer la maison, rabrouer les domestiques. Enfin quoi, le retour à la civilisation. Elle se plut à y penser. Elle allait donner un autre souffle à sa nouvelle vie, elle le savait. Et puis Bernard, sa petite tendresse. Il allait se laisser emporter par le courant. Elle allait le vivifier, le dynamiser. Ainsi ils grimperaient tous deux dans l'échelle sociale. Peut être finirait-il ambassadeur ? Il en avait les compétences sinon l'ambition. Il le devrait à elle sans qu'il n'ait à le reconnaître. A lui les lauriers, à elle le mérite. Voilà, elle tenait enfin son objectif et se sentait prête à conquérir ce petit monde où tout n'est qu'intrigue. Maintenant, elle était sûre d'elle.
Que dire de cette dernière soirée si ce n'est qu'elle s'y ennuya. Elle avait songé à mettre ses chaînes, pour le plaisir de la dernière fois. Elle y avait renoncé, le cœur n'y était pas. Les convives étaient ternes, même Elodie habituellement provocatrice avait passé son temps à feuilleter une revue. Armand disputait une partie de billard, ce qui était rare. Miel regarda un moment la partie puis demanda l'autorisation de prendre congé. Elle lui fut accordée et elle salua chacun avant de sortir. Peu après Sara quitta également l'assemblée. L'ambiance n'était pas à la fête. Armand traîna assez tard. Il resta plus longtemps que d'habitude pour apprécier le calme du salon. Dans un coin isolé, Sophie se laissait caresser par son homme. Ils bougeaient à peine, lascifs et tendres. Elodie se laissait mollement cajoler sans pour autant avoir lâché sa revue, toujours la même d'ailleurs. Armand contempla le spectacle en sirotant son dernier whisky. Il aimait cet érotisme subtil et peu démonstratif. Il les quitta sans les saluer.
Il fut surpris de trouver Sara et Miel tendrement enlacées. Ne se préoccupant pas de l'entrée du maître, dans une grande économie de mouvement, elles se caressaient du bout des doigts, elles s'effleuraient. Armand s'assit dans son fauteuil, alluma un cigare et savoura la scène.

Emmiellée Sara
En Miel est Sara.

Ce soir, on le gâtait. Les deux femmes restaient blotties l'une contre l'autre, les lèvres soudées, elles se butinaient. Leurs mouvements étaient imperceptibles. Elles ne faisaient pas l'amour, elles se nourrissaient l'une de l'autre. Armand se déshabilla lentement sans les lâcher des yeux. Il se glissa derrière Miel et s'y colla. Il saisit son membre et chercha sa cible. Miel ne l'aida pas mais sa grotte était prête à le recevoir. Il la pénétra lentement pour ne pas rompre le charme du tableau, elle ne réagit pas, comme si elle n'avait rien senti. Ils restèrent ainsi tous les trois unis, figés dans une tendre volupté. Armand sentit les doigts de Sara lui caresser la base de son pal. Elle bougea un peu et comme un serpent, tout en ondulant, descendit le long du ventre de sa blonde en léchant la peau de blanc satin. Elle chercha le clitoris de la pointe de sa langue, le trouva. Les deux femmes étaient tête-bêche. Miel fourra son visage dans la chatte de l'eurasienne et en dégusta les flaveurs orientales. Armand se dégagea lentement du sexe qu'il envahissait. Sara s'en saisit et l'emboucha. Longues, lentes et profondes sucions, elle prenait son temps, bavait dessus. Elle le libéra et le reconduisit à sa source première. Il s'enfonça avec la même délicatesse que la première fois. Tout semblait se dérouler au ralenti, chacun s'accordant sur la lenteur des deux autres. Ce jeu dura longtemps, mais Miel subissant deux assaillants commença à onduler du bassin. La pression de langue se fit plus ferme, les va-et-vient d'Armand plus marqués. Il n'en demeurait pas moins que le calme et la douceur perduraient. Armand pétrissait les seins de Miel, passant de l'un à l'autre. Il les massait, pinçait les aréoles pointés. Il ne savait plus trop où était son sexe, Sara s'en occupait. Là, il sentit qu'il devait être sans sa bouche, alors sa main écarta les cuisses de Miel et ses doigts cherchèrent l'entrée. La place était déjà prise. Il s'humecta tout de même les doigts et remonta le sillon fessier et trouvant l'étroit orifice, il entreprit de l'apprivoiser à nouveau, une dernière fois. Celui-ci se rendit rapidement, tout palpitant. Armand retourna chercher un peu de jus. Sara lui prit ses doigts dans la bouche et lui fournit ce qu'il voulait. Il recommença jusqu'à ce qu'il sente que ce petit cul gourmand mais timide encore était prêt, il y enfonça deux doigts. Miel poussa un petit gémissement étouffé et donna un coup de hanche pour qu'il assurât mieux sa prise. Sara réintroduisit le pal dans son ventre. Cette fois Armand imposa son rythme. Miel glissa sa tête entre les cuisses de Sara et alla se désaltérer. Ses mains cherchaient maintenant à pénétrer la brune. Ses doigts rencontrèrent les deux orifices, ils les colonisèrent simultanément. Ce fut Sara qui poussa un petit cri, plus de surprise que d'aise. Puis elle aussi se mit à onduler sous la caresse. Armand délivra le cul de la blonde. Pas pour longtemps. Il n'eut pas le temps de se refermer que sa queue prenait la place libérée. Miel grogna et attaqua encore plus vaillamment la place qu'elle avait conquise et qui s'était rendue si facilement. Sara geignait, Miel feulait. Armand se joignit à ce concert par des gémissements rauques. Il accéléra le rythme, le chœur allait crescendo. Les corps ployaient, pliaient, ondulaient. Les hanches des deux femmes ruaient accompagnant ces soubresauts de râles bestiaux. Armand n'en pouvait plus, il se dégagea brutalement. Miel n'eut pas le temps de le retenir. Elle hoqueta mais elle sentit que c'était son ventre à présent qui était conquis. Elle tendit la croupe pour mieux s'offrir. Elle sut qu'elle allait recevoir sa semence, elle s'y prépara. Dans une dernière poussée, Armand explosa. Son membre gorgé se libéra de sa tension et fut parcouru d'une fulgurante douleur qui le laissa sans force.

Tout s'apaisa alors. On entendait seulement trois respirations saccadées, plus du tout en rythme cette fois. Chacun dans son propre ressentiment, laissait retomber ses sensations et son émotion. Miel n'avait pas vraiment joui, elle s'en fichait. Elle baignait seulement dans un immense lac de plaisir. Seule Sara ne lâchait pas prise. Elle tenait toujours entre ses lèvres celles, encore gorgées de sang, de sa compagne.

Miel tourna légèrement la tête en direction de son maître.

-Maître, s'il vous plaît, prenez Sara comme vous m'avez prise.
-Vous n'avez aucune pitié.
-Faites-le pour moi, je ne vous ai jamais vu en elle de là où je suis.
Armand enjamba les deux femmes. Son sexe était retombé. Il se glissa entre les cuisses de sa femme. Elle les écarta largement pour lui faciliter la tâche. Miel se saisit du membre endormi :
-Attendez, je vais lui redonner de la vigueur.
Elle lui prit entièrement dans la bouche et le suça langoureusement. Cela ne vint pas tout de suite. Elle sentait néanmoins des palpitations parcourir la hampe. Elle ne cessa que lorsqu'elle fut sûre du résultat. Elle le libéra, le considéra et le prit à nouveau, n'étant pas tout à fait satisfaite. Sara attendait en la tétant toujours. Enfin le bambou se dressait droit et fier. Elle le guida entre les lèvres bien ouvertes et l'enfonça en saisissant les hanches d'Armand. Sara émit un léger bruit de satisfaction et reprit son jeu avec le petit bouton rose. Miel posa sa joue sur sa cuisse et contempla le spectacle. Elle massait en même temps les boules d'Armand et lui titillait l'anus. Ravissement. Elle n'avait jamais imaginé qu'elle jouirait ainsi de cette vue imprenable. Elle sentit que Sara la fouillait, là-bas, en bas. Elle écarta les cuisses pour lui offrir le passage. Elle prit Armand dans sa bouche aussi, elle ne put résister à cette tentation, mais elle le rendait rapidement. Elle voulait surtout s'assurer de sa vigueur. Miel sentit le plaisir monter alors qu'elle ne s'y attendait pas. Quelques contractions dans son ventre, des vagues de plaisir qui déferlaient d'abord douces puis plus violentes. Sara, elle, buvait la semence répandue mêlée à la source de Miel, elle s'en gorgeait. Sara poussa des petits cris encore. Cette fois, c'était la queue qui la pilonnait qui la faisait monter au ciel. Elle planta ses ongles dans les fesses de Miel et banda tous ses muscles. Elle ne put contrôler le hurlement qui sortit de sa gorge. Pourtant lui n'en avait pas fini. Il continuait à la défoncer par de violents coups de butoir. Sara pleurait à présent, et gémissait comme une enfant. Un deuxième hurlement s'échappa, une deuxième vague déferla. Elle n'avait plus la force de répondre à l'assaut. Ses ongles pénétrèrent encore plus profondément dans la chair à laquelle elle s'agrippait. C'est à ce moment que Miel jouit, longuement. Elle rejeta la tête en arrière et émit un bruit de gorge aigu, comme une plainte, une supplique à la vie. Elle faillit abandonner le pal qu'elle tenait, mais sentit une palpitation dans la hampe. Elle savait que c'était maintenant. Armand rugit. Miel lui enserra le sexe et sentit les contractions. Alors elle arracha le sexe de son refuge et se l'enfonça dans la bouche. Son visage fut inondé, mais elle put boire ce qui giclait encore. Armand s'effondra, terrassé. Sara pleurait encore, Miel dégustait son nectar en allant le chercher sur son visage.
La nuit ne s'acheva pas ainsi. Morphée avait raté son rendez-vous et ne parvint pas à les posséder. Découragé, il se retira sur la pointe des pieds. Les trois somnolaient un peu, il est vrai. Mais leurs mains vivaient encore et erraient, trouvant parfois un recoin qu'elles exploraient. Sara suivaient les deux langues qui la buvaient. Elle offrit tout le jus qu'elle pouvait. Parfois, à travers ses cuisses, Armand et Miel échangeait de long baiser. Cela lui laissait un répit. Mais bientôt elle sentait les bouches qui revenait la boire une dans son cul, l'autre dans son ventre. C'est souvent là qu'elles se retrouvaient et se livraient un tendre combat. La joute terminée, soit l'une battait en retraite et revenait sur son bouton pour le téter

soit l'autre se repliait sur son petit trou et une langue pointue la fouillait. Elle, elle caressait les fesses qu'elle avait un peu meurtries, il est vrai. Elle s'aventurait parfois dans son sillon en les écartant, juste pour constater que l'orifice palpitait encore. Alors elle le contentait en le taquinant un peu.

La clarté du jour les surprit dans la même position. Sara leva un peu la tête et décida de les rejoindre. Elle se retourna en rampant et se fit une place entre eux deux. Elle plaqua ses lèvres contre celles de Miel, elle avait besoin de s'abreuver. Elle sentit la queue d'Armand contre ses fesses. Elle passa une main derrière elle et le saisit. Elle constata qu'il avait retrouvé de sa vigueur. Alors elle se cambra et s'encula. Après tout, elle n'avait pas eu droit à cette faveur cette nuit, elle la prendrait ce matin. Elle prit les fesses de son maître et d'une poussée, elle s'empala. Ses lèvres n'avaient pas lâché celles de Miel. Cette dernière, d'une main légère partit à la conquête de son ventre. Le trouvant libre, elle s'y introduit. Il n'y eu pas de cris cette fois. Seulement un plaisir partagé, une sérénité nouvelle.

Et c'est ainsi qu'ils s'endormirent. Au réveil, ils n'avaient pas bougé. Si, Armand s'était retiré. Sara retrouva son sexe mou. Elle trouva les arguments pour lui redonner vie et le remit à sa place d'un petit coup de rein. Armand la prit par les hanches et l'entreprit méthodiquement. Il prit son temps. Miel fit jouer ses doigts cherchant à saisir le sexe à travers la mince paroi. Sara noya son visage dans la chevelure blonde et se cambra. Armand lui donna son foutre en silence et Sara ne poussa qu'un léger soupir comme du soulagement. Miel, toujours aussi gourmande, rejoignit le sexe toujours planté. Elle l'extirpa et l'avala. Un goût âcre emplit sa gorge, elle s'en délecta. Quand il n'y eut plus rien à boire, elle l'abandonna et écartant les fesses de sa brune y plongea ses lèvres. Sara pointa son cul en signe d'offrande. Miel aspira tout le nectar, puis chercha avec sa langue les derniers reliefs. Rassasiée, assouvie, elle reprit en bouche le sexe de son maître, juste pour le remercier.

Chapitre 16

Que dire du départ de Miel ? Rien, si ce n'est qu'elle partit sans se retourner. Dans son regard on aurait pu lire une lueur farouche. Elle allait affronter son destin avec une ferveur nouvelle. Ce qu'elle avait vécu au manoir n'appartenait qu'à elle, et ne pourrait jamais le partager, avec personne. Peu lui importait. Tout ce qui comptait à présent c'est le chemin qu'elle lui restait à parcourir. La route fut longue, le chauffeur prenait soin de brouiller les pistes. Elle savait qu'on ne tenait pas trop à ce que les visiteurs connaissent l'emplacement du manoir. Ridicule, cette tranche de vie entrait déjà dans son passé, un bon point d'appui pour l'avenir, c'était tout et déjà beaucoup. Bernard l'attendait. Seul cela comptait. C'est avec lui et lui seul qu'elle allait rebâtir. La voiture la laissa à la gare TGV. Elle prit sa valise et s'engouffra dans la voiture.

Au manoir, la vie avait repris son cours normal. Depuis la dernière fête, Sara avait suggéré d'engager des hôtesses professionnelles, ce qui fut fait. Quatre pour commencer. Elles ne se distinguaient pas des autres invités et la seule consigne qu'on leur avait donnée était d'être disponibles. Il faut dire que depuis ce jour, les dons avaient afflué et les demandes de candidatures s'accumulaient. Armand jouait toujours son rôle de chef d'orchestre. Il semblait y prendre toujours le même plaisir. Sara l'assistait bien entendu, dans son rôle silencieux. Parfois Armand apercevait une sombre lueur dans son regard, vite estompée d'ailleurs. Il ne s'en formalisait pas. L'automne avançait à grands pas, moissonnant les feuilles mortes. Sara sortait souvent, c'était sa saison préférée. Le parc exprimait sa nostalgie de l'été dans les tons jaune-bruns. De nouveaux arrivants relayaient ceux qui partaient. L'aventure continuait. Elodie et Régis les avaient quittés, jurant qu'ils reviendraient bientôt. Mathilde et son compagnon partis aussi, lui l'air toujours accablé, elle avec des plans plein la tête. Ceux-là, on ne les reverrait pas, leur route était toute tracée. Ils avaient trouvé ce qu'ils cherchaient. Et puis tous les autres, Sophie et Thierry, Géraldine et Philippe. Sara se sentait lasse parfois, sans trop savoir pourquoi d'ailleurs. Pour rien au monde elle n'aurait changé de vie. Elle avait rencontré Armand dans une soirée un peu mondaine, s'était accrochée à son bras et ne l'avait plus jamais quitté. Il lui avait fait découvrir un monde où elle avait sa place, elle l'avait prise avec enthousiasme. Le soir tombait tôt maintenant. Elle revint au manoir et entra dans le bureau. Elle savait qu'Armand travaillait, elle avait besoin de lui. Elle le surprit dans ses dossiers. Elle s'approcha, fit pivoter le fauteuil et se blottit contre lui.
-Du vague à l'âme ?
-C'est de saison, Chéri. Rien de grave. Un peu de nostalgie, ce n'est pas désagréable.
Elle l'embrassa longuement puis s'écarta.
-Le programme de ce soir ?
-Le petit écart de Perle, hier soir. Je l'ai convoquée ce matin, elle a voulu s'excuser.
Sara revit la scène. Perle, une magnifique noire avec son compagnon, bien européen, lui, mais d'une grande famille. Il avait osé la trousser devant tout le monde, elle avait répondu instinctivement en le giflant. Un peu désordre tout ça. Sara donna son point de vue.

-En fait, c'est lui qui ne comprend rien. Il ne la respecte pas. Il se prend pour qui ce petit bonhomme, il se croit à l'époque des colonies ?
Armand sourit de cette véhémence et aussi parce qu'il partageait cet avis.
-Je suis bien d'accord avec vous ma chérie, mais on ne peut tolérer de tels agissements. Sinon cela va finir en pugilat.
-Alors convoquez son bonhomme, heu, Cyril, je crois, ou les deux ensemble.
-Je vous trouve bien indulgente.
-Je suis juste, c'est tout. Il doit jouer avec sa femme et non de sa femme. Sinon, dehors.
-Pas de sanction, donc ?
-Pas de sanction. Cette petite black a les fesses trop fines et si soyeuses.
-Voilà une belle et convaincante plaidoirie. Hé bien ma chère, vous allez les retrouver et leur expliquer tout ça. J'ai du travail par-dessus la tête.
Sara sauta sur ses jambes, salua de façon un peu militaire et sortit. Il lui fallait de l'action, elle en avait et elle allait moucher ce petit colon comme il le méritait, lui apprendre à vivre, tout simplement.
Le soir arrivé, la belle ivoirienne entra accompagnée de son blanc de mari. Il faisait pâle figure, elle avait mis ses chaînes de poignets, sur les conseils de Sara.
-Oubliez les chaînes de votre Histoire, Perle. Mettez les vôtres, elles sont les portes de votre liberté.
Perle n'avait pas trop compris mais avait décidé de lui faire confiance. Son homme s'y était opposé, elle n'en tint pas compte. Respect du règlement. Son esclandre de la veille devait être marqué.
Lui s'était installé dans un fauteuil et pour marquer son autorité lui avait commandé une boisson. Elle le lui avait apportée et s'était isolée. Un homme vint la rejoindre. Il lui caressait l'épaule tout en lui parlant. Il la prit par la taille, elle se colla à lui. A présent son pubis se frottait contre le sexe de l'homme. Elle rejeta sa longue crinière crépue en arrière et se cambra pour rester hors de portée de ses lèvres. Cela accentua la pression au niveau de leur bassin. Et puis d'un coup elle rit très fort et se dégagea. Elle alla se caler dans un fauteuil loin de son homme pour déguster sa collation. Sara se leva et la rejoint. Elle fit tomber une bretelle de la robe de la belle. Un sein en forme de poire bien mûre en sortit. Sara le prit. Elle en apprécia la fermeté. Déjà son aréole pointait dans sa main. Elle l'abandonna et troussa la black qui se laissa faire. Son pubis était complètement épilé, lisse comme un fruit mur. Sara ne put s'empêcher d'y glisser les doigts puis elle rabattit le tissu, ne voulant pas offrir ce tableau à quiconque. Elle remonta la bretelle et prit la belle par la main. Celle-ci la suivit dans sa démarche féline. Sara l'entraîna jusqu'à l'alcôve. Elles n'en ressortirent que bien plus tard et nul ne sut jamais ce qui s'y était passé. Les jours suivants, son homme se montra beaucoup plus respectueux et usait d'elle comme elle usait de lui. Il ne saurait qu'à son départ que Perle avait été enrôlée comme cinquième hôtesse.
Les jours passèrent et l'automne aussi. Novembre annonçait les premières gelées. Le manoir se calfeutra pour l'hiver.
Armand reçut un coup de fil de Bernard. Celui-ci était ravi du retour d'Emmanuelle. Il s'agissait de Miel, bien sûr. Il semblait complètement dépassé par l'énergie de sa femme, mais

ne pouvait que s'en satisfaire. Toute la maison avait été bouleversée, les réceptions se succédaient et Emmanuelle gérait tout cela de main de maître. Ses supérieurs hiérarchiques semblaient apprécier ce nouveau dynamisme et il était inscrit au tableau d'avancement. Une seule ombre au tableau, Emmanuelle avait décidé de faire chambre à part, arguant que c'était mieux pour éveiller leurs sens. Il s'en félicitait aussi, car le matin il se sentait beaucoup plus frais qu'auparavant. Il sollicita également la permission de venir au manoir quelques jours début janvier. Sur ce point Armand resta très évasif, prétextant une affluence inhabituelle à cette période.

Il fit part de cette communication à Sara. Elle tourna aussitôt les talons et péremptoire claironna :

-Ridicule !

Décidément pour un homme, les femmes resteraient toujours une espèce à part, c'est du moins ce que ressentit Armand à ce moment-là.

Quinze jours après, Bernard rappelait. Emmanuelle avait disparue depuis cinq jours sans laisser d'explications et seulement en emportant une petite valise. Elle demeurait introuvable et la police refusait de prendre l'affaire en main. Armand tenta de le rassurer alors que cette nouvelle l'inquiétait au plus haut point. Il promit de faire intervenir ses relations. Il transmit l'information à Sara qui ne semble pas plus étonnée que ça :

-Plus long que je ne pensais...

Sur ces paroles énigmatiques elle s'en retourna à ses occupations.

Armand avait oublié l'incident quand en fin d'après-midi, on lui annonça une visite imprévue. Il descendit dans le hall et découvrit une silhouette complètement détrempée par la pluie. La femme frissonnait, engoncée dans son imperméable et se cramponnant à sa petite valise. Elle leva des yeux malheureux et dit :

-Maître, j'ai essayé, je n'ai pas réussi.

Armand la regardait, il avait du mal à la reconnaître. Sara surgit à ce moment et prit la frêle silhouette par le bras. Elle l'entraîna dans l'escalier tout en fusillant Armand du regard au passage.

Il se passa la main dans les cheveux. Il comprit seulement que les ennuis allaient commencer…

Chapitre 17

-Là, ma chérie, tu as fait très fort. Je ne sais pas comment tu as fait pour nous retrouver, et je ne veux même pas le savoir.
Sara s'affairait sur Miel. Elle l'avait déshabillée et la frictionnait vigoureusement.
-Tu as vu ton état. Allez, un bon bain et on discute.
Elles se retrouvèrent toutes deux dans la baignoire, rien ne valait un bon face à face. Miel lui expliqua sa vie à l'extérieur, son regain d'énergie qui rapidement s'épuisa. Elle avait pris la décision de partir sur un coup de tête. Mais elle savait sa vie passée dorénavant impossible. Partir pour où ? Elle n'en savait rien. Alors elle s'était mise à la recherche du manoir. Il ne lui avait fallu que quelques jours pour le retrouver. Et la voilà.
-Et que veux-tu, que cherches-tu ?
Là, elle devint plus confuse et Sara essaya de dégager l'essentiel.
-Ma chérie, tu as peut-être gagné une bataille mais pas la guerre. Laisse-moi réfléchir et détends-toi.
Elle sortit du bain et laissa tremper Miel. Sara réalisa qu'elle avait attendu longtemps ce moment. Pourtant, elle le redoutait. Miel fuyait une vie monotone et facile. Ici c'était tout le contraire. Rien n'était jamais réglé, il fallait constamment improviser et surtout voir juste. Au manoir, le libertinage n'était qu'un prétexte, un moyen agréable d'atteindre d'autres sphères de la sensibilité. L'avait-elle compris ? Après tout ce n'était pas son problème. Si, elle ne devait pas se voiler la face. C'est elle qui avait entraîné Miel sur cette pente dangereuse et elle ne pouvait pas la laisser s'écraser toute seule au fond du ravin. Elle retourna dans la salle de bain.
-Tu te sens d'attaque pour ce soir ?
-Oui, peut-être. Mais d'attaque pour quoi ?
-Mais je n'en sais rien, et arrête de poser des questions. Il faut battre le fer quand il est chaud, disait ma grand-mère. Si tu ne prends pas les choses en main, demain tu repars aussi vite que tu es arrivée. Et tout recommence. Écoute Chérie, je veux bien t'aider mais je ne peux pas tout faire. Tu entres dans un monde qui a ses propres règles. Tu le sais, alors assume et arrête de faire semblant.
C'est la première fois que Sara lui parlait sur ce ton. Elle dût tout de même convenir qu'il lui fallait se bouger, mais pour faire quoi au juste.
-D'abord te rendre présentable, après on verra.
Un peu de pragmatisme ne nuit pas. Miel s'arracha de son bain et suivit sa complice. Assise sur le lit, Miel saisit Sara par la taille et l'attira contre elle. Elle lui prit le visage et l'embrassa. Déjà les corps ondulaient, mais Sara d'un coup se déroba.
-Arrête, Miel, il y a d'autres urgences.
-C'en était une. Maintenant, je vais bien.
Sara se laissa tomber sur le lit.
-Je dois réfléchir, et je sens que tu ne vas rien faire pour m'aider.
Là, elle avait vu juste.

Quand le soir arriva, les deux femmes firent leur entrée dans le salon. Ils étaient une quinzaine, pas plus. Miel ne reconnut personne si ce n'est quelques visages croisés lors de la dernière fête. Beaucoup plus de femmes que d'habitude, constata-t-elle. Sara l'avait vêtue sobrement d'une robe du jour, mais elle lui avait passé ses chaînes. Rien de transcendant, mais elle n'avait rien trouvé de mieux. Sa voix s'éleva haute et claire.
-Monsieur, Miel a une requête à vous faire.
Le silence emplit le grand salon. Il allait se passer quelque chose, de quoi rompre la monotonie du quotidien.
-Hé bien, approchez.
Les deux femmes se rapprochèrent du canapé. Miel tomba à genoux étalant sa robe dans un cercle parfait. Sara se tenait toujours à ses côtés, légèrement en retrait.
-Elle désire faire allégeance !
-Ce qui signifie ?
Là, visiblement, le maître décrochait. Miel se sentit la force de prendre la parole :
-Cela signifie, Maître, que je veux me remettre à vous et vous appartenir au même titre que Madame Sara.
Armand haussa les sourcils. Il s'était préparé à tout sauf à ça. Il lui fallait réagir et vite. Déjà les convives qui avaient cessé toute activité commençaient à murmurer entre eux. Ils étaient sûrs à présent qu'ils allaient vivre quelque-chose d'assez inhabituel.
-Et que motive votre demande ?
En fait, il gagnait du temps pour mieux réfléchir. Les hommes savent très bien noyer leur embarras par des questions futiles. Miel se concentra :
-Maître, vous m'avez prise, possédée. A présent, je me veux à vous, rien que pour vous. Et pour Madame aussi…
Au moins, il n'y avait pas d'ambiguïté dans cette déclaration. Un murmure parcourut la petite assemblée. Armand le mit à profit pour faire le point :
-Vous avez une vie en dehors du manoir, il me semble.
-Je ne sais pas de quoi vous parlez. Je suis ici de mon plein gré et je suis venue m'offrir à vous.
Les convives ne pouvaient que réagir mais en toute discrétion. Il s'ensuivit un brouhaha auquel le maître dut mettre fin. Il leva posément la main :
-Miel, je vous porte en moi et vous le savez bien. Cependant, vous réclamez un statut qu'il vous faudra mériter. Vous avez choisi de le faire en public, il vous faudra le prouver dans les mêmes conditions. Étés-vous prête à subir une épreuve afin d'être reconnue par tous ici et par la suite par toute notre confrérie ? Et par moi-même…
-Je m'en remets à vous, Seigneur.
Armand fit une pause. Il mesurait l'engagement qu'il prenait et celui de Miel. Il faudrait que toute la communauté soit derrière lui pour attester de la valeur de cette union assez inattendue. Il parcourut du regard la petite assemblée. Tous étaient suspendus à son verdict. Il reprit donc la parole d'une voix mal assurée :

-Miel, sachez que ce qui se passera ce soir circulera dans toutes les bouches et sera transcrit dans l'Histoire de la communauté. Si vous échouez, vous serez exclue à jamais...
-Maître, l'échec n'est pas envisageable. Mais, vous–même, désirez-vous que je réussisse ?
Pour une fois, elle lui clouait le bec, avec toute la déférence voulue. Il y eut quelques sourires qu'elle ne vit malheureusement pas. Armand ne releva pas la perfidie de la question.
-Regardez autour de vous.
Miel promena son regard.
-Et alors, je ne vois que des femmes et des hommes raffinés, ceux auxquels vous m'avez habituée ?
-alors, vous allez vous livrer à eux, Madame, sans restriction et tout cela sera transcrit, intégralement. Ce sera votre histoire et je m'en lave les mains.
Une vague d'excitation gagna l'assemblée, peut-être de la désapprobation aussi. Le maître se prenait pour Ponce-Pilate, on aurait pu attendre mieux de lui. Il était trop tard. Ce qui avait été dit l'était. Certains comprirent que les deux femmes l'avaient quelque peu déstabilisé. Déjà les femmes s'agitaient et les hommes, on le sentait, nourrissaient de noirs desseins.
-Seigneur, pouvez-vous me laisser un peu de temps pour me préparer.
-Allez, mais faites vite.
Sara la tira promptement et elles sortirent du salon.

Elles refirent leur apparition une heure après, ce qui avait paru bien long et fait monter d'autant la pression. Miel portait une tenue assez étrange. Une bure noire en lin grossier. Elle était vaguement échancrée devant. Mais surtout, ce qu'on remarquait c'est une énorme boutonnière verticale qui partait du ventre et s'arrêtait aux genoux. Elle avait la même derrière. La femme paraissait bien fade, d'autant plus qu'elle ne s'était même pas maquillée. Armand la regardait, dubitatif.
-Miel, pouvez-vous m'expliquer les raisons de cette tenue ?
-Maître, vous avez voulu que je me livre à ceux et celles qui le désireraient. Ils peuvent me prendre à leur convenance. Mais je ne veux pas exposer mon corps à leurs yeux, cela vous est réservé. Ne comptez pas non plus sur mon ardeur, celle-là aussi vous est destinée. De plus, ce n'était pas dans le contrat, il me semble.
Armand reconnu les ruses habituelles de Miel. Et même si elle le ridiculisait, cette attitude n'était pas pour lui déplaire. Il lut quelques sourires narquois sur les lèvres de quelques convives. Eux aussi avaient l'air d'apprécier la situation. Armand dut se rendre, beau joueur :
-Alors que l'épreuve commence. Miel allez vous asseoir dans ce fauteuil.
Elle s'installa et remarqua qu'un futon avait été jeté sur le parquet. Tout était prévu…
-Je veux être la première !
-Allez-y, Christine.
Une longue femme brune se leva et vint s'asseoir sur les genoux de l'impétrante. Elle libéra sa poitrine et fit pointer ses seins contre le visage de Miel.
-Ma chère, donnez-moi du plaisir et n'hésitez pas à les maltraiter, j'aime bien.
Elle prit la main de Miel et la glissa entre ses cuisses. Miel lui griffa la chatte et saisit entre ses dents le sein offert. Elle l'aspira, le mordit, le tritura.

-Oui, continue comme ça, j'aime. Et bouge un peu plus ta main, oui, c'est ça, comme ça, encore.
Le spectacle était de qualité et déjà quelques femmes laissaient courir leurs mains sur le pantalon de leur compagnon et malaxaient convulsivement un membre surpris de cette attaque soudaine. Elles ne perdaient rien de la scène. Un homme s'approcha du duo. Il prit Miel par les cheveux et l'arracha de sa prise. Miel vit son pal dressé s'approcher de sa bouche.
-Bouffe-le, et fais-moi jouir !
Miel le prit, ses lèvres se refermèrent. L'homme s'enfonça. Miel semblait absente, elle le laissait faire. Sa langue refusait de rentrer en contact avec la hampe qui lui envahissait la bouche. Elle n'était qu'une poupée morte. Christine, toujours assise sur elle s'en rendit compte. Se sentant négligée, elle lui vola le bambou.
« Retourne sur mes seins ma mignonne, je vais m'en occuper, moi, de cette belle queue. »
Ceci dit, elle l'emboucha avec rage. Elle l'aspira d'un coup, en entier et l'homme en fut aussi surpris que satisfait. Il saisit la tête de la femme et imposa son rythme. Elle le branla et le suça si bien qu'il ne tarda pas à lâcher tout sa sauce. Christine déglutit tout en gémissant. La main qui la fouillait avait produit son effet. Miel fut libérée. Elle attendait la suite en pensant à autre chose, des pensées sauvages et vagabondes, sa meilleure dérobade. Elle ne vit pas l'homme arriver, elle le devina seulement. Il la tira du fauteuil et la jeta un peu violemment sur le futon. Il la retourna sur le ventre. Elle sortit son sexe écarta l'échancrure arrière et étala sa salive dans le sillon des fesses offertes. Son intention était claire et Miel ferma les yeux tout en serrant les poings. L'homme se vautra sur elle et chercha sa voie. Ses efforts furent vains, il se redressa et en écartant les fesses de la soumise laissa couler un autre jet de salive. Il reprit sa position et sa manœuvre. Il comprit rapidement qu'il n'y arriverait pas et changea d'orifice. Celui-là, il le découvrit, mais la source en était tarie. Il réussi tout de même à rentrer, un peu, mais si peu. Il resta là, immobile durant de longues secondes, puis lentement se retira. Il regarda entre ses jambes son sexe en déroute, il ne bandait plus. Piteusement, il se rajusta et se releva en grognant. Il alla se consoler entre les bras de sa régulière qui paraissait fort amusée par sa prestation.
Miel ne bougeait toujours pas, dans l'attente. L'épreuve était loin d'être terminée si tous devaient lui passer dessus. Pour le moment, elle s'en sortait plutôt bien, avec un minimum de dégâts pour son amour propre. Cela n'allait pas durer. Rien ne se passait pourtant. Un profond silence s'était installé. A ce train-là, la séance allait tourner au fiasco. Et toujours ce silence.
« Ils auraient dû mettre un peu de musique, pensa Miel, cela aurait un peu meublé, Bach par exemple ». Armand commençait à s'agiter nerveusement. Son mécontentement était nettement perceptible, il perdait la face. Si personne ne bougeait, il allait falloir prendre une décision. Mais qu'avaient-ils tous à rester figés comme des statues ? Le gibier n'était-il pas à leur convenance ? Ce fut un homme au fond de la salle qui le sortit de ses réflexions.
-Maître, apparemment il n'y a plus de prétendants et je le comprends. Miel a montré son courage et sa détermination. Je crois que nous ne sommes pas très motivés à abuser de celle que nous appellerons bientôt, je l'espère, Madame.
Miel sentit des larmes couler sur ses joues, elle ne put les contenir, le barrage de ses émotions venait de se rompre. Armand hésitait encore. Alors, une femme claqua des mains et

recommença, lentement. D'autres la suivirent et bientôt toute l'assemblée. Non, ce n'était pas des applaudissements, le rythme en était trop lent, mais plutôt une litanie entêtante et syncopée. Armand se tourna vers Sara. Elle aussi claquait des mains, un large sourire découpait son visage, une lueur de triomphe dans les yeux. Et cela dura, tant et si bien qu'Armand se redressa et leva la main dans un signe d'apaisement. A cet instant, les applaudissements crépitèrent. Miel ne savait pas ce qui se passait réellement. Elle tentait vainement de retenir ses pleurs et s'essuyait le visage dans le drap. Une main ferme la saisit par le bras, son maître la relevait. Il la tenait par les poignets et se retourna vers les convives.

-Je me rends à votre volonté mes amis. Miel, même si tout ne s'est pas passé exactement comme je le pensais, vous avez réussi votre épreuve, avec beaucoup de panache qui plus est. A présent soyez mienne, totalement, entièrement. Sachez que j'en suis heureux, Madame, n'en doutez pas.

Et il l'embrassa. Les applaudissements s'élevèrent à nouveau et des hurlements fusèrent. Miel leur fit face. Elle attendit que le calme revint :

-Mesdames, messieurs, comment vous remercier ? Vous avez voulu relever le défi du maître, mais vous avez préféré me respecter. Je lis en vous tous une grandeur d'âme que je ne soupçonnais pas. Aussi ne vais-je pas me contenter d'un simple remerciement.

Promptement, elle se baissa et fit passer sa robe par-dessus la tête. Tous restèrent bouche bée, en admiration devant le geste et la silhouette de déesse qui s'offrait.

-Ce sera la dernière fois que je me dévoilerai ainsi, je ne peux vous offrir mieux, profitez-en. A présent, je vais me rendre plus présentable.

Elle traversa la pièce dans sa nudité, d'un pas nonchalant mais digne, dans un silence de plomb. Ils la suivirent des yeux, fascinés par les lentes ondulations de ce corps de rêve, jusqu'à ce qu'elle disparaisse.

Ils venaient d'assister au sacre d'une reine, et pas n'importe laquelle.

Chapitre 18

Quand elle revint, tous se levèrent et l'applaudirent à nouveau. Il faut dire que son allure avait bien changé. Elle avait passé le même fourreau blanc que lors de la dernière fête et son visage rayonnait de bonheur. Sara se leva et vint à sa rencontre. Elle l'enlaça, posa ses lèvres sur les siennes et elles échangèrent un long baiser. C'est ainsi qu'elles scellèrent leur complicité aux yeux de tous. Les convives étaient subjugués et poussèrent des hourras. Les bouches se séparèrent et les deux femmes traversèrent la petite foule de la même démarche chaloupée. Elle s'assirent de part et d'autre du maître qui ne savait plus trop quelle contenance prendre.
-Madame, décidément vous créez beaucoup d'émotion. Vous me volez la vedette.
-Et ce n'est pas fini…
Il fronça les sourcils, cherchant à comprendre. Il n'en eut pas le temps. Il sentit des doigts fins ouvrir son pantalon et avant qu'il ait le temps de réagir la petite tête blonde avait plongé et l'avait englouti. Il voulut refuser l'étreinte, mais c'était sans compter sur Sara. Cette dernière lui prit la tête entre les mains :
-Maître, laissez-la vous rendre hommage.
Et elle colla sa bouche contre la sienne. Les claquements de mains reprirent, les mêmes que la première fois. Miel s'activait sur la hampe dressée. Elle bavait même et l'inondait. La queue venait heurter le fond sa gorge. Elle aspirait en se retirant, très lentement pour l'enfourner à nouveau. Sa langue s'activait sur le gland turgescent. La main de son mâle lui avait saisi sa crinière blonde et, impérieuse, lui dictait son désir. Elle dut s'y soumettre. Elle sentit la petite main de Sara venir la rejoindre en renfort. Elles le branlaient et le massaient vigoureusement. Concerto pour trois mains et une bouche sur une queue. Avec un tel traitement, Armand suffoquait presque. Il ne trouvait pas la force de lutter, il tentait seulement d'imposer sa cadence. Les forces lui manquèrent, il libéra sa prise. Miel se déchaîna, elle savait qu'elle avait pris le dessus et que son mâle se rendait. Et toujours ces battements de mains qui rythmait à présent les mouvements de tête de Madame. Envahi de sensations extrêmes, Armand ne tarda pas à décharger son foutre. Il ne put retenir un grondement rauque et tous comprirent que Madame était arrivée à ses fins. Alors, encore des applaudissements qui eurent du mal à retomber. Sûr que cette soirée allait entrer dans les annales du manoir et les invités n'en revenaient pas d'en avoir été les témoins privilégiés. Armand reprit son souffle. Miel s'attardait encore. Ne pas perdre la moindre goutte. Elle pensa aussi à Sara. Elle se redressa et se mit à cheval sur son maître en se troussant. Elle joignit ses lèvres à celles de Sara et lui laissa ce qu'elle n'avait pas encore avalé, pas grand-chose en fait. Ensuite, le plus naturellement du monde, elle reprit sa place. Armand s'était rapidement rajusté. Le visage écarlate, il lui semblait qu'il avait un peu perdu le contrôle de la situation. Jamais il ne s'était exhibé ainsi en public et cela allait faire le tour de toute la communauté.
-J'espère que vous en avez fini avec les surprises.
-Il y en aura d'autres, mais en privé celles-là.
Il poussa un long soupir de soulagement. Il avait besoin d'une bonne dose de whisky pour se remettre.

Miel comprit que son statut avait été accepté de tous. Ils vinrent tous la saluer et la féliciter. La remercier aussi pour ses différentes prestations. L'homme qui avait voulu la pénétrer s'agenouilla devant elle.
-Je sais que je n'ai pas à vous demander pardon. Sachez tout de même que je suis heureux d'avoir été aussi lamentable.
-Et moi, donc ! Allons, relevez vous, je n'aime pas ces démonstrations. Invitez-moi plutôt à danser.
L'atmosphère redevint légère. Les cœurs s'étaient néanmoins échauffés, il fallait relâcher toute cette tension. Tous ne pensaient qu'à l'amour et suivant l'exemple de Madame, n'hésitaient plus à s'exhiber. Toutes les barrières étaient tombées. Les femmes s'offraient, les hommes les prenaient. Quelques couples dansaient et en virevoltant s'offraient quelques mignardises, un prélude au rut. Miel circulait de groupe en groupe. Elle recueillit même quelques caresses égarées. Elle en prodigua quelques unes aussi surtout destinées à ces dames qui avaient fort à faire. Elle s'autorisa à embrasser les plus vaillantes et cette marque leur redonnaient de l'énergie. Des gémissements de plaisir fusaient des corps emmêlés. La mêlée était parfois furieuse et confuse, indescriptible en fait. Le futon était resté heureusement. Il ne s'en sortirait pas indemne.
Sara vint la rejoindre et lui glissa quelques mots dans le creux de l'oreille. Miel pouffa et acquiesça.
Tout se calma lentement, faute de combattants. La salle se vida peu à peu. Miel et Sara prirent le maître par la main pour le conduire à leurs appartements. Armand aspirait à un moment de détente qu'il avait bien mérité.
-Monsieur, pour notre nuit de noces, nous avons prévu un cadeau de mariage…
Sara ouvrit la porte de la chambre. La pleine lune inondait la pièce d'une lueur laiteuse. Armand découvrit sur le drap immaculé une longue silhouette sombre, une sculpture d'ébène.
-Un tel cadeau ne se refuse pas, Maître, déclara Perle.
Armand leva les yeux au plafond. Ses deux femmes le déshabillèrent et le poussèrent sur le lit. Armand ne se fit pas prier. Il enfouit sa tête entre les cuisses nerveuses de l'ivoirienne. La chatte de Perle était complètement épilée. Il se promena sur le pubis lisse et écartant les fines lèvres mordit le bouton qui se dressait devant sa bouche de façon impressionnante. Ses deux femmes les rejoignirent vite et Perle fut littéralement, dévorée, fouillée, sucée et mordue. Elle se débattait comme une vraie lionne, refusant de se rendre trop facilement. Les montants du lit tremblaient. Armand l'avait brutalement sodomisé alors que Miel buvait à sa source. Sara pétrissait ses deux seins fermes et généreux. Jamais elle n'avait joui d'une telle poitrine. Miel la rejoignit et elles se partagèrent le butin. La belle africaine râlait tout en donnant de violents coups de reins. Son énergie ne s'épuisait pas, bien au contraire. Elle saisit Miel par les cheveux et sans ménagement la repoussa. C'était pour mieux la saisir par les hanches. Elle lui écarta les cuisses et y fourra sa tête noire. Sa langue était agile et trouva immédiatement son chemin. Miel gémit, jamais on ne l'avait bouffée avec une telle force. C'était comme un sexe d'homme qui la pénétrait. Elle ne put retenir son orgasme et inonda le visage de la femme. Celle-ci la repoussa et s'empara de Sara. Surprise, cette dernière se retrouva en levrette, le cul au dessus du visage de Perle. Elle subit le même sort que Miel, avec le même résultat. Sara

feula et s'écroula sur la black. Il ne restait qu'Armand qui résistait toujours. Perle s'arracha de son étreinte et se jeta sur le sexe abandonné. Elle l'avala d'un coup. Elle l'aspira si fort qu'il en gémit autant de douleur que de plaisir. La noire donnait de furieux coups de tête et quand elle s'arrêtait, c'était pour le reprendre de plus belle. Il sentit qu'il allait décharger. Heureusement ses deux femmes avaient repris leurs esprits. Elles attaquèrent Perle par le bas. Miel goûtait le cul encore palpitant et tout mouillé du jus de son maître. Au goût, ce n'était pas du sperme, heureusement. Sara lui fouillait le ventre autant avec ses doigts qu'avec sa langue. Ses lèvres pinçaient parfois le fabuleux bouton. Perle relâcha sa pression sur le pal et se renversa sans pour autant le libérer totalement. Elle le reprit en bouche, mais ses gémissements montraient qu'elle faiblissait enfin. La bête était terrassée. Elle aspirait toujours le membre, dans un dernier effort, puis elle se rendit totalement. Elle serra ses cuisses sur la tête de Sara et fut prise de soubresauts incontrôlés. Elle râlait et serrait encore plus le membre auquel elle s'agrippait. Dans un hurlement rauque, elle se cambra et jouit violemment. Ses cuisses se desserrèrent, libérant la petite tête brune. Sara se glissa entre les cuisses d'Armand et desserra les doigts qui l'avaient maltraité. Elle prit doucement dans la bouche pour l'apaiser. Le maître reprit un peu ses sens. Il lui fallait se reposer un peu, dans un ventre moelleux par exemple. Les fesses de Miel entrèrent dans son champ de vision. Il enjamba prudemment Perle, de crainte de se faire happer au passage. Il s'allongea derrière Miel qui poursuivait toujours sa dégustation, et la pénétra lentement. Il avait bien choisi son lieu de détente. Il s'occuperait de son cul plus tard, peut-être. La blonde pointa les fesses pour mieux le sentir en elle. Elle oscilla lentement du bassin, Armand n'ayant pas la force de le faire. L'échange fut tendre jusqu'à ce qu'il sentit la bouche de Perle lui prendre les boules. Heureusement, elle y mit plus de science et de délicatesse que d'ardeur. Sa langue jouait autant sur sa hampe qu'entre les lèvres de Miel. Celle-ci sentit la vague monter pour la seconde fois. Elle la laissa venir, l'envahir et se rendit dans un petit gémissement. Son ventre se referma et Armand sentit son pal enfermé dans un étau. Enfin les muscles se relâchèrent. Miel gisait, la respiration saccadée. Le bassin de Perle était hors de portée de ses mains, celui de Sara tout proche. Il la bascula sur les deux autres corps et sans la préparer la sodomisa. Elle poussa un hurlement et d'un coup de rein s'enfonça jusqu'à la garde. Perle se glissa, elle, dans son ventre, toujours avec cette langue-serpent. Armand sut qu'il ne tiendrait pas plus longtemps. Il saisit Miel par les cheveux et lui prit un sein dans la bouche. Il la mordit sauvagement et déchargea dans le cul de Sara. Dans un cri de rage, Miel se libéra et plongea sur le cul bien tendu. Elle attendit que le pal en ressorte et aspira le jus qui dégoulinait déjà. Le petit cul palpitait encore. Perle voulut lui voler sa part, mais la blonde résista et défendit si bien son bastion que la noire retourna dans le ventre libre. Sara vibra et se laissa téter. Cela dura longtemps, Miel cherchant de la substance. Sa langue n'allant pas assez loin, elle puisa avec ses doigts et les lécha. Le quatuor se détendit enfin totalement.

Armand ramena les trois femmes près de lui. Encore des caresses, tendres et douces. Des doigts qui se rencontrent dans des recoins cachés, des peaux qui frémissent légèrement. L'apaisement.

Armand se réveilla dans la nuit. Il bandait. Il retourna les trois femmes sur le ventre. Elles parurent continuer leur nuit. Délicatement, il leur souleva le bassin. Elles se retrouvèrent

toutes trois le cul en l'air, bien alignées la tête posée sur les oreillers. Elles ne dormaient plus bien sûr, mais elles demeuraient dans une langueur dans laquelle elles refusaient de sortir. Que leur mâle se débrouille, elles avaient donné toute leur énergie, à elles de recevoir à présent. Six orifices lui étaient offerts. Il avait sa queue et ses deux mains pour les honorer. Cela devrait suffire. Il les caressa tout d'abord. Il fit venir le jus de leur source respective et prépara leur cul. Il fut étonné de constater que celui de Perle était déjà prêt, naturellement. Il la sodomisa tout de suite. Il passa de l'une à l'autre, fouillant avec ses doigts, empalant avec sa queue. Parfois, il se penchait et venaient les goûter. Que de goûts différents, un régal pour les papilles. Miel était acide, Sara offrait des saveurs étranges qu'il connaissait bien, et Perle un goût très fort, presque pimenté. Il y revint plusieurs fois pour confirmer ses impressions et les reprit encore. Les trois femmes gémissaient de concert, jouant une étrange symphonie. Il n'y eut pas de grands cris, justes des petits râles et des gloussements d'aise. Armand accéléra le rythme, il voulait se libérer. Qui allait-il choisir ? Apparemment il hésitait car il les visita encore toutes les trois plusieurs fois, longuement. Il posa son dévolu sur Miel. C'est elle qui avait le ventre le plus moelleux. Elle comprit qu'elle avait été choisie et se cambra un peu plus. Les deux autres ne bougèrent pas et reçurent des caresses plus appuyées. Elles attendirent que l'instant fatal arrive. A entendre les râles de Miel, cela ne tarderait plus. La blonde d'un coup releva la tête en arrière et jouit furieusement. Armand déchargea dans son ventre capiteux. Il ne les libéra pas tout de suite. Il faisait glisser ses doigts dans les orifices qu'ils fouillaient encore. Quand son sexe s'échappa, bien malgré lui, il s'affala. Sara rampa jusqu'à lui et vint prélever sur son sexe les dernières saveurs. Perle se glissa entre les cuisses de Miel qui avait gardé sa posture, le cul tourné vers le ciel, et se nourrit à sa source.
Armand se réveilla au petit matin et découvrit une ombre noire le survoler. Perle était sur lui, elle s'était empalée. Sara et Miel se réveillèrent et en s'étirant découvrirent le spectacle. Elles n'intervinrent pas, la black était trop belle dans cette posture.
-Ne bougez pas, maître, je vais tout faire. Mais je veux vous recevoir moi aussi.
Il est vrai qu'elle n'avait pas été honorée à sa juste valeur. Sara se blottit contre Miel et regarda œuvrer la belle silhouette noire. Perle ondula lentement. Elle prit appui de ses mains sur le matelas et tout en se cambrant souleva son bassin et le laissa retomber. Elle continua ainsi. Ses seins pendaient majestueusement et se balançaient en rythme. Miel voulu les caresser, Sara la retint.
-Regarde, Chérie et remplis tes yeux de belles images.
Perle se pourléchait les lèvres. Elle commençait à râler dans une étrange mélopée venue de très loin, du fond de sa mémoire. Elle entrait en transes, sans modifier son balancement. Le son s'amplifia et envahit la pièce. Miel et Sara étaient fascinées comme envoûtées. Armand lui se mit à donner des coups de bassin. Il saisit la black par les hanches et la pilonna. Elle poussa un rugissement, et il la remplit de sa semence. Elle s'affala sur son homme et l'enlaça, se fondant en lui.
Les deux femmes à leur côté ne bougèrent pas.
Il leur fallait respecter cet instant, une page de magie.

Épilogue

C'est cette nuit-là que la vie du manoir bascula. Un souffle nouveau planait dans les murs. Cela ne se fit pas du jour au lendemain, mais de façon graduelle. Armand encouragea cette mutation car il y vit tout ce que la communauté pouvait y gagner. Bien sûr son autorité ne fut jamais discutée, il déléguait simplement ses pouvoirs.

Le trio infernal s'était réparti les tâches. Sara s'occupait des relations publiques, Miel de la bonne marche de la maison. Perle enfin, avait pris en main les hôtesses et les formait. Elle en engagea trois autres. Elle les sélectionna à sa façon, leur demandant de prouver leurs capacités. Certaines repartirent en courant. Les rescapées restèrent mais gardèrent en mémoire la difficulté de cette épreuve. Elle imposa le port des chaînes de bras obligatoire pour sa troupe d'hôtesses, mais elle les changea et les choisit beaucoup plus fines. Perle avait compris le message de Sara. Ces chaînes lui avaient donné sa liberté et elle les portait elle aussi avec fierté au même titre que les autres. Elle ne revendiquait aucun statut particulier si ce n'est son indépendance. Elle gardait ses propres appartements.

Miel et Sara avaient demandé l'autorisation de se faire tatouer. Armand avait considéré le motif qu'elles avaient choisi. Un serpent qui rampait alors que deux oiseaux stylisés prenaient leur envol, les ailes mêlées entre eux. Il raya le serpent et dessina une étoile au dessus des deux animaux. Elles avaient trouvé l'idée bien meilleure et l'arboraient à présent toutes deux sur le sein gauche. Sur leur décolleté cela faisait beaucoup d'effet et les regards, d'instinct se fixaient là.

Armand se retrouvait déchargé de moult tâches. Il en profitait pour gérer les affaires courantes et trancher en dernier recours les nombreuses propositions que lui apportaient ses deux femmes. Comme elles fourmillaient d'idées nouvelles, il avait fort à faire malgré tout.

Les demandes d'accueil se firent de plus en plus nombreuses, il fallut faire construire un nouveau bâtiment. Le parc s'agrandit également, l'étang fut aménagé. Naguère négligé, Il était devenu un lieu idéal pour les pique-niques et la baignade. Tout le monde attendait impatiemment l'été pour l'étrenner. Le manoir lui aussi subit un bon nombre de transformations. Les combles furent aménagées. On y trouvait plusieurs salles dont une pièce aux ébats collectifs, une salle de projection équipée de couchettes, et une piscine agrémentée d'une plage de vrai sable. La cave n'y avait pas échappé. Sara l'appelait la grotte du sacrifice. Il n'y aurait plus de séance spéciale dans le salon, elles auraient lieu ici. L'atmosphère n'y était pas lugubre mais plutôt inquiétante. Peu de lumière, mais on distinguait un grand plateau de bois brut muni d'anneaux et de chaînes. Au mur, différentes lanières de cuir patientaient. Tout au fond, un petit salon ne recevrait qu'une vingtaine de personnes. On ne pouvait traverser la pièce sans frémir en imaginant ce qui allait s'y passer.

Les nuits d'Armand étaient plutôt torrides. Ses deux femmes ne se lassaient pas des plaisirs de l'amour. Sa forte constitution lui permit de les assouvir, mais quand Perle les rejoignait, il devait parfois déclarer forfait et effectuer après quelques joutes un repli stratégique salvateur. Il se réfugiait alors dans la chambre d'une hôtesse et la butinait. Comme c'était le cas ce soir, il rendit visite à Ludine, une des dernières arrivantes. Il la trouva en compagnie de deux autres hôtesses, Amélia et Carmen. Il voulut battre en retraite mais elles le supplièrent. Ludine se fit leur porte-parole :

-Maître, nous sommes si désœuvrées ce soir. Vous n'aurez pas le cœur de nous laisser.

Déjà, les deux autres minaudaient en se tortillant contre lui. Il était vampirisé.

Il connaissait bien la suite et comprit qu'il ne s'en sortirait jamais.